爆款文案与营销策略

崐璘 ———— 著

图书在版编目（CIP）数据

爆款文案与营销策略 / 崐璘著 . -- 北京：北京联合出版公司，2020.8（2024.3 重印）

ISBN 978-7-5596-4468-8

Ⅰ.①爆… Ⅱ.①崐… Ⅲ.①广告文案—写作②广告—营销策略 Ⅳ.① F713.81

中国版本图书馆 CIP 数据核字（2020）第 140448 号

爆款文案与营销策略

著　　者：崐　璘
出 品 人：赵红仕
责任编辑：徐　樟
封面设计：韩立强
内文排版：李丹丹

北京联合出版公司出版
（北京市西城区德外大街 83 号楼 9 层　100088）
三河市京兰印务有限公司印刷　新华书店经销
字数 180 千字　880 毫米 ×1230 毫米　1/32　8 印张
2020 年 8 月第 1 版　2024 年 3 月第 10 次印刷
ISBN 978-7-5596-4468-8
定价：36.00 元

版权所有，侵权必究
未经书面许可，不得以任何方式转载、复制、翻印本书部分或全部内容。
本书若有质量问题，请与本公司图书销售中心联系调换。电话：（010）58815874

序

一个文案的新自白

那天,因为工作上的商谈,约见了国内知名互联网公司的一位产品经理。

见面地点在京城创业者聚集的车库咖啡馆。

记得很清楚,准时出现在咖啡馆门口的,是一个顶着一头乱发,穿着印有公司Logo的T恤,不到30岁的大男孩,看起来木讷不善言辞。

但落座后,一聊起产品,他立刻切换成另一个模式,滔滔不绝地从产品设计聊到交互应用,从用户体验聊到如何洞察人性,从市场分析聊到互联网产品试错、迅速迭代的重要性……你很难想象,就是这样一个连买衣服都嫌麻烦的年轻男孩,短期内成功将公司旗下一款产品的市场占有率提升了数十个百分点。

"下一步,打算创业。"他说。

理由是:现在这份职业,已经没有挑战性了。

辞职创业,这在互联网时代算是个常态。看看周围,整个车库咖啡馆里都是摩拳擦掌、满脸兴奋的互联网创业者。

去年参加一个中关村创业孵化器的考察项目,飞往"创业之国"以色列参观考察,见识到整个国家"全民创业"的氛围后,我相当震撼。当时接待我们的,除了政府官员和创业孵化器的相关人员之外,还有一群年轻且朝气蓬勃的大学生创业者。在他们看来,创业就是就业,口袋里没钱没关系,点子、创意、技术都可以卖钱。失败也没关系,失败只是在积累成功的经验。

提及这些事,只是想说一句:时代变了。

互联网的出现,解放了工业时代高度分工协作对人的束缚,同时也解放了人的才华和能力。现在,只要你有才,就能找到施展的平台。先不说创业,哪怕你只是比别人多一点点专业知识,比别人更会讲故事,都有可能成为知乎大神、网络红人。在网络化时代里找到自己的价值——这种价值不仅仅是精神上的,也包括物质上的回报。因为在互联网时代,内容即传播,社群即渠道,而渠道,就是金钱。

作为一个文字创意策划者,你可能更能切身感受到这种变化:网友恶搞的段子比你写的文案更叫绝,社交媒体传播的即时性要求文案在几分钟之内快速反应并创作出优秀的借势文案,你的精彩"创意"在一天之内迅速爆红、迅速不再被人提起——这些时候,你就会明白,时代正在以不可遏止的速度改变着。

文案并没有过时,反而,在一个注意力碎片化的时代,文案正在变得越来越重要,原因在于:文案传递信息比任何功能都要直观高效;同时,在一个注重用户体验的网络环境里,呈现给用户的第一印象,往往也离不开文案。

过时的不是文案,而是传播方式和固有的观念。今天,我们不可能再重现"大品牌时代"传播的辉煌:只要不断铺渠道,就能够让它抵达所有人的视听。

互联网深刻地改变了人类信息的传达方式和社群连接方式,从商业角度来看,工业社会三大逻辑——通过"组织化"协作产生效能,"产品化"规模产生效能,"中心化"传播产生效能,在互联网时代,都被解构了:

1. 互联网思维强调开放、协作、分享,企业内部组织结构趋向于"扁平化",未来,互联网会让内部组织解体的速度进一步加快;

2. 工业时代"产品化"的结局是:物质极大充裕,产品同质化严重,而对于互联网时代的消费者来说,他们越来越在意产品带来的体验感,在意产品是否能够满足他们物质之外的需求;

3. "中心化"传播方式已经过时,互联网将人划分为一个又一个圈层,我们很可能订阅了很多媒体号,但真正会点开去看的内容越来越少,我们更信赖圈层领袖或同伴的推荐,互联网时代的传播正从"中心化"向"碎片化"过渡。

在剧烈的转型背后,是一大批传统企业的失落和困境。这也是管理学大师克莱顿·克里斯坦森提到的"创新者的窘境"——技术领先的企业在面临突破性技术时,会因为对原有生态系统的过度适应而面临失败。这种"窘境"同样适用于广告创意行业。

4A 公司在互联网时代式微,社交媒体盛行,社会化整合数字营销大行其道。微博上的一个网红段子手,很可能会被认为比一个资深文案更懂文案——这是整个行业的"窘境"。

那么,互联网时代的文案应该怎么应对这种"窘境"?

在上海，参加一次圈内人主办的互联网创意沙龙，一群人谈及这个话题，每个人都经历过时代转型的阵痛，有着自己独到的切身体会。聊着聊着，我们忽然想，为什么不写一本书呢？将这些经验分享出去，互联网思维不就是开放、协作和分享吗？

那次讨论，最终总结出几个要点：

首要的一点是：文案不要自我设限。换句话说就是：别把文案写得太像文案。

在这个时代，人人都可以发声，人人都能成为文案。拘泥于将文案写得完美，不如想办法将文案写得独一无二。

怎么独一无二？答案是：跨界。

在当下，我们经常听到许多唱衰传统行业以及认为传统行业能够成功转型的争论，有人说"传统媒体已死"，立刻就有人说"传统媒体转型，突围新媒体"。事实上，现状是：行业与行业之间的界限和壁垒正在变得越来越小，黄太吉、雕爷牛腩，这些利用互联网思维突入餐饮业获得成功的品牌，全都是外行。在一个传统行业深耕细作数十年爬上金字塔尖的人，在互联网的冲击下，随时都有可能被外行颠覆。

互联网正在颠覆所有行业，固守成规并不明智，每个人能够做的事情是：带着你的专业才能和积累的经验，热情拥抱互联网。

可喜的是，身边的同行和伙伴都在积极地将自己抛离轨道。

前段时间去纽约参加一个移动互联网大会，巧遇从前的一位同事，互相问候近况，结果发现彼此的境遇很相似：我们都说不清自己到底是做什么的。

传统的职业定义已经无法概括现在的许多职业领域，或许用"跨界"一词来形容会更贴切。

放眼望去，你会发现在互联网时代，到处都是这样的人，比如赫畅，黄太吉煎饼可能失败，但他自己出名了，又做了大黄蜂火锅，拍的电影也上映了。比如马佳佳，创立泡否科技，虽然三里屯的店没人去，但她已经打造出个人品牌，在互联网创业领域玩跨界玩得风生水起。就连微博上的一个知名画手都可能有多重身份：一个身份是漫画家，在正规杂志上连载漫画；另一个身份是自媒体，在微博上开连载，建立自媒体矩阵，打造个人品牌；第三个身份则是广告文案，创作漫画广告，依靠积累的社群粉丝，将自己的社交媒体阵地变成一个能够产生价值的传播节点。

在这些例子里，你会发现，文案的定义早已不局限于广告营销领域，在互联网环境里，产品即广告，产品即营销，而文案是产品传播必不可少的一部分。马佳佳通过几场颠覆性的演讲打造个人品牌，这里的"演讲"就是品牌文案。雕爷写"干货"，在微博上"骂人"，花200万打造一辆上门美甲车，这些都是文案的范畴。

工业逻辑被解构以后，生产者和消费者的权力发生了转变，现在是消费者主权的时代。所以我们看到，互联网思维总在强调"用户至上"，但这和工业社会"顾客就是上帝"的标榜或道德自律有着本质的区别。

在当下，用户必须至上，你必须真心讨好用户。因为用户的口碑，在社交网络环境下，是一种能够迅速带来实际价值和回报的资产。

所以，文案要做出的第二点改变是：不仅仅是传播的工具，还要成为品牌人格的一部分。

品牌要形成自己的粉丝族群，有人爱你，你就能成功。所以品牌人格的打造很重要，其要点在于：讨人喜欢。相应地，文案要点在于：诉诸用户情感。

让用户觉得你很厉害，觉得你很有趣，很有个性，很毒舌，很腹黑，很萌……总之，只要有一个情感点打动了他们，你就能够建立起社群和连接。在这个过程中，文案作为品牌人格的组成部分，贯穿始终。

由"跨界"和"人格塑造"，可以引出第三点改变：文案别重复自己。

重复是工业时代的特征。过去，广告的形式只有那么几种，电视、平媒、户外、直销、广播、公关，还可以再列举一些，比如邮件、传单……就算创意不重复，形式也只能重复。

而互联网时代，广告无处不在，社会化媒体、移动互联网技术的飞速发展，使得广告形式和营销形式越来越多样化，连接成本的降低，传播渠道的个人化，也使得互联网产品天然地携带了媒体属性和传播属性（极致的用户体验＋情感诉求＝口碑传播），也就是说，从产品到内容，再到社群、传播渠道，从一个平台到另一个平台的"跨界"，文案能够施展的空间越来越大。

传统媒体或许终将消亡，但作为表达和传播的载体，文案不会死去。互联网＋文案，未来或将碰撞、衍生出更多可能性。

这本书成书于互联网时代。

感谢互联网，让我们可以隔着遥远的距离传递信息，分享彼此。

这本书也终将消亡于互联网时代。

在电话刚刚发明的时候，美国一位市长曾经骄傲地说：以后美国的每一座城市都将安装一部电话。

所以，你知道，我们所说的，都终将是错的。

目录 Contents

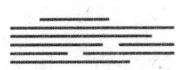

第一章　互联网时代，文案更有社交感 //1

社交文案六个新玩法　//2

互联网品牌观：你若端着，我便无感　//13

用户思维：五步写出有销售力的文案　//18

做了这三件事，你的文案就可以拉出去枪毙了　//26

　　【案例】百度输入法"Hi，约吗"：酷就是随性自然、接地气　//33

第二章　有诚意，和用户做个好朋友 //35

任何时候品牌都要慰藉人心　//36

五种文案写法，对用户表达善意　//41

三种"共谋"法：用户可以抵挡一切，除了虚荣心　//48

互联网时代，别试图讨好所有人　//54

　　【案例】拯救没落老店：来点"自黑"精神　//65

第三章　抓心：文案怎样挠得人又痛又痒 //71

"注意力经济"时代，秒杀关键注意力 //72

六个创意模板：人为制造惊叹 //78

让人意外：广告是打破常规的艺术 //89

ELM经验法则：文案就是要让销售成为多余 //95

【案例】宜家：用户买的不是床而是睡眠 //100

第四章　兜售参与感，让用户在场介入 //105

用户在场："参与式"消费时代到来 //106

能不说就不说，用交互代替文案 //111

从"客户"到"用户"，三个战术塑造参与感 //117

和用户说话，保持满满的代入感 //126

【案例】乐高"抠门"广告：把文案从阅读变成深度想象 //131

第五章　字里行间情感化，感动人 //133

感动的本质是"激发即刻认同" //134

三种方式打造"情感化"文案 //142

文案要呈现"时代的真实感" //153

让产品开口说话：品牌"人格化"的四个要点 //161

【案例】匠人致匠心：暖到心底就是认同 //172

第六章　说好一个用户想听的故事 //175

四个维度：让用户入住你的故事 //176

好故事触及人类情感密码 //185

流行三法则：让故事像病毒一样疯传 //192

怎么讲才有诱惑力 //199

【案例】机器人之爱：故事要诚恳，不做作 //206

第七章　可感知：产品在文字中找到附着力 //209

理性时代，文案不要太"多情" //210

具体，才能让人记住 //220

人性化，可感知：让广告更可信的三大定律 //225

附着力法则：找到制造流行的"金盒子" //233

【案例】小米移动电源：简单可感知 //239

第一章

互联网时代，文案更有社交感

社交文案六个新玩法

"我们这个时代,最重要的转折点就是互联网的兴起,而它也成为营销媒介与交易管道的一部分。"美国广告界的顶尖文案人罗伯特·布莱(Robert W. Bly)在他的著作中写道。

在过去的半个多世纪,电视一直占据大众媒体的主要角色,也是消费者花费时间最多的媒体。但互联网的出现,逐渐把消费者的时间和注意力从电视屏幕转移到电脑屏幕。这一转变,深刻地改变了传统广告营销方式,改变了产品、品牌和消费者之间的关系,使得广告营销进入了一个多变、多元的时代。

移动互联网技术的发展,使得新的广告形式迎来爆发式增长。比如以下这些广告形式,都是互联网时代特有的产物:

1.H5广告

利用HTML5技术来制作产品宣传网页的一种广告形式。

特点:集音乐、图像(静态、动态)、文案、互动体验于一体,轻便、快速、易传播。

2.原生广告

让广告作为内容的一部分,植入实际页面设计中的广告形式。

特点：目前主流的原生广告为信息流广告，主要在社交媒体上传播。

3. 移动 DSP

全称"Demand Side Platform"，是广告主需求方，为广告主提供跨竞价市场、跨平台、跨终端的程序化广告投放平台，通过数据整合、分析，实现基于受众的精准投放。

特点：能够根据受众群体的不同，将同一广告位的流量售卖给不同的广告主，准确触达目标受众。

4. 社交视频广告

在社交媒体中通过视频向用户宣传产品信息。

特点：相比于静态广告，社交视频广告对用户购买意愿影响更大。

5. LBS 移动广告

通过定位的方式获取移动端用户的位置信息，在地理信息系统的支持下，为用户提供相应服务的一种增值业务。

特点：根据用户应用场景和位置信息推送实时广告，转化率更高。

…………

互联网并没有改变人性，也没有从根本上改变消费心理模式，但传播媒介的变化带来了广告形式的巨大改变，因此，互联网文案也相应地产生了一些新的特点。

特点一：快，快，快

从农业社会到工业社会，人类花了漫长的几千年；从工业社会到信息社会，用了三百多年；而信息技术从实验走向商用，只用了几十年。今天，我们身处的是一个急剧变化的互联网时代，技术快速迭代，产品不断翻新，流行迅速产生，又迅速湮灭，如百度CEO李彦宏所说："互联网变化太快，打个盹儿就落后了。"

学习和快速行动，是互联网时代最核心的能力。

在这个快得停不下来的互联网时代，文案遭遇的最大挑战就是速度，花很长的时间去找灵感，再花很长的时间去细致打磨的做法，在社交媒体的传播上是行不通的。要维持社交网络上的日常品牌传播，你必须每天都创作出新的内容，因此，首先，必须要"快"，迅速撰写，保持发布频次；其次，要懂得借势，这也是让社交文案保持"快"频次的方法之一。原因在于：借助热点，比起原创一条文案更快；通过迅速借势热点，在社交平台更容易实现最大的传播效应。

2014年5月13日，被戏称为"国民岳父"的韩寒在个人微博发布了一张照片（见下页）：

当时正是他为自己首次执导的电影《后会无期》宣传造势的时期，他的个人微博关注度相当高。这条微博发出来后，立刻引来大量网友转发评论。杜蕾斯官方微博仅在14分钟后就转发了这条微博，并写出了"岳薄，岳尽兴"这样内涵十足令人拍案叫绝的文案，短时间内便获得近万的转发量。

借势名人的名气，迅速、恰到好处地关联自己的品牌，并借助社交网络实现快速的引爆和扩散传播，这是互联网时代社交文案一

风雨中拍摄，有一种超薄激情系列的感觉

次典型的生产和传播过程。

快速借势热点，需要注意几点：

1. 要时刻关注、掌控实时信息，保持对信息点的敏感度；

2. 抓住热点核心，恰当关联品牌；

3. 把握8小时话题黄金期。

特点二：无互动，不文案

Web 2.0 和社会化网络浪潮，不仅改变了传播方式，也让消费者自身发生了巨大的变化。社会化网络成了消费者的一部分，消费者重新创造自我，形成了自己在网络上的身份、互动和关系。

在单向传播的时代，文案发出去了，效果好与坏很难立刻看到，因为消费者没有渠道发表评价和反馈。而在互联网时代，文案发出去，半小时内传播的效果评价就能一目了然，社会化网络使得每一个人只要动一动手指，就能够迅速以点赞、转发、评论等方式参与到其中。

网络使得消费者连接在一起，每一位消费者都是一个传播的节点，当这些节点形成联动，就可能产生爆发性的传播效果。因此在社会化时代，必须时刻倾听消费者的声音，及时与声音背后的人沟通互动。

无互动，不文案。以往的单向传播文案，以风格鲜明的方式，给目标受众留下印象，再通过长时间的曝光，渗入目标受众的心中，建立起认同感和影响力；而社会化时代的文案是一种双向甚至多向的传播，必须直接和每一位消费者和潜在用户进行实时互动。

杜蕾斯官方微博是大部分品牌微博中最喜欢和粉丝互动的，这种互动通常会带来非常有趣的结果，粉丝的点子和灵感，也会为品牌的推广传播贡献相当大的力量。

曾有一个网友把益达口香糖的广告词改成："嗨，兄弟……加满！"……"兄弟，你的杜蕾斯也满了……"当时杜蕾斯转发并回复了一句："杜蕾斯无糖避孕套，关爱牙齿，更关心你！"粉丝们都乐了，之后又陆续有粉丝把五粮液等品牌的广告改编成杜蕾斯的广告。

幽默、有趣，具备互动性和延伸性的文案，能够带动用户的参与和传播热情，为品牌带来很好的宣传效应，同时也能够有效增加粉丝黏性和品牌忠诚度。

特点三：短到极致

互联网时代的文案当然也可以很长，比如支付宝那则精彩的神级文案《梵高为何自杀》。但总体来说，社交文案越短越好。

罗伯特·布莱说，精简向来是文案写作的要点，而这一精简的要求在互联网出现以后，可谓有增无减。更短小，更精悍，才更容易被看到、被记住，更易于传播。能够一句话说到位，就不要用两句话。

在信息爆炸的互联网和移动互联网平台，谁都没有耐心去看一则冗长的广告文案，除非你也能写到"神级"的水平。

特点四：接地气

在单向传播时代，消费者是站在品牌对面的"目标消费者"，是需要被"感化"、被影响的对象。而在双向或多向传播的媒介上，大众表达自己的门槛越来越低，消费者获取的信息越来越全面，也就越来越难以被说服。

只有那些像一个人一样活跃在社会化网络中的品牌，才能够以自己独特的价值观和外在形象，吸引有相同品牌调性或者品位的消费者成为品牌"部落"的一员。也只有这样，消费者才会对品牌产生发自内心的认可，甚至成为"品牌大使"，自发维护品牌。

套用奥美创意总监赵阳的理论，品牌像人一样活跃在社交网络上的现象，叫"万物拟人化"。

在这个社交类媒体盛行的时代，所有的品牌都需要具备鲜明的人物个性。比如肯德基，一会儿叫"小肯"，一会变身为卖萌的"肯爷爷"，形象很鲜活，很讨人喜欢。

品牌拟人化是社交网络发展下的大趋势，你能想象一个品牌把社交媒体当作广告渠道，天天在上面做硬广告吗？要知道，人们玩社交网络，可不是来看广告的。

讨喜，是品牌传播的第一步。

而品牌拟人化，接地气，是讨喜的第一步。

怎么接地气？

1. 使用人称

不要把自己当作企业或品牌，要把自己当成一个人，既然是人，自我称呼时就要使用人称，比如我、俺，或者使用昵称，杜杜（杜蕾斯）、小肯（肯德基）、浪姐（碧浪），等等。

2. 说话要带情绪

什么叫接地气？就是话里有人的七情六欲，不是干巴巴的，也不是客观冰冷的，说话时一定要带情绪。

这种情绪不一定是快乐的，具有正能量的，也可以是有点小坏、爱抖机灵、爱自黑、爱和人斗嘴的性子。人不止一面，品牌拟人化也应该塑造出生动丰富的性格。

3. 学会讲故事

品牌要做一个"有故事的人"。你可以讲自己的故事，身边人的故事,用户的故事……总之,讲故事会让你的品牌形象更鲜明。更重要的是,你可以将产品信息巧妙融入故事里进行传播,而好的故事一定是带有"自传播性"的。

特点五:文案="战争"

传播媒介的改变,不仅使得品牌和用户之间的互动变得便捷、频繁,也使得文案成为同行业之间"大战"的工具。如由"去啊""去哪儿"网站引发的文案大战:

原淘宝旅行推出新独立品牌"去啊",其品牌意涵是:"只要决定出发,最困难的部分就已结束。那么,就去啊!"而浓缩成发布会现场的一页PPT,则是:"去哪里不重要,重要的是……去啊"。

"去啊"和行业里另一主角"去哪儿",字音太过相近,使得这则文案看起来十足地针锋相对。实际上,在发布会现场,去啊旅行总经理李少华在台上宣讲时,还真的说成了"去哪儿不重要,重要的是……去啊"。

于是，去哪儿网立即做出反应，推出了下面这则文案：

紧接着，另一位同行携程网继续跟进：

这样的"文案大战"，在传统媒介一统天下的时代是难以想象的。而在信息即时传播的社交媒体平台，由文案引发的"大战"总是一触即发。

在"大战"中，参与者一边"黑"竞争对手，一边突出自己，而用户也乐得观战，并对"参战者"的表现津津乐道，就输赢而言，这种文案"大战"常常是杀敌一千，自损八百，谁也没法成为胜者，但就传播效果而言，每一位"参战者"都能大大地刷一把存在感，不失为一种相当有效的"联动营销"。

特点六：不娱乐，不成活

传统文案也讲究趣味性和娱乐性，但在社交媒体上，这一特征变得更加重要。或者，不妨换一种更加互联网化的说法，用逗乐、卖萌、搞笑的方式娱乐大众，是社交文案的必备法宝。

"哈刚少侠"的淘宝小店，就是因为广告文案相当"卖萌"，迅速走红网络。

右图中这些话，配合着《泰坦尼克号》里杰克和露丝在水中深情对视的画面以及气泡塑料纸的照片，瞬间戳中网友笑点。

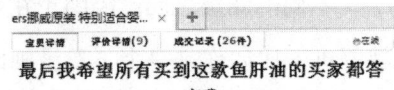

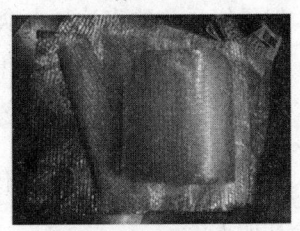

"太可爱了！小时候我也爱捏气泡！"

"店主实在萌到爆啊！"

"我代表全小区都答应你！"

"这还是我第一次看到那么搞笑的文案，上班看你的广告笑太大声被老板发现了！"

……

通过这则被网友称为"神一样的文案"，这家淘宝小店被4万多网友收藏，店主哈刚少侠也成为网络红人，声名大噪。

为什么娱乐很重要？

因为在社交网络时代，文案有一个很重要的任务：攻破圈层话语。

过去，传统广告营销是按照年龄、收入、职业来划分人群的。但是现在，人群是按照圈层来划分的。你属于哪些圈层，你身上有哪些标签，那么你就会有相应的行为模式，以及圈层话语。

不同的圈层之间，隔阂正在变得越来越深，沟通正在变得越来越困难，比如你是一个不看漫画的人，加入二次元漫画的圈层，你会发现他们使用的词汇，你完全听不懂，完全是两个世界的语言。

那么，当你的文案面对不同目标群体时，你需要说不同的圈层话语。但这种方式有时并不现实，因为社交平台是一个向所有人开放的平台，你没办法同时用两种语言说话。这个时候，最好的办法就是：娱乐化的表达。

逗乐、卖萌、搞笑、自黑、调侃，这些都是社交文案常用的具有良好传播效应的表达方式。圈层话语，可能换一个圈层就听不懂了，但是娱乐化的表达是大众的、普遍的，不存在圈层隔阂。

总的来说，在互联网时代，文案变得更有"社交感"了。

而一则文案是否具有"社交感"，可以通过两个简单的问句来判断：

1. 你写出来的文案，是仅仅让人想读，还是让人忍不住想要分享给其他人？

2. 你的文案是让人读过就算了，还是让人想要参与进来，与你互动，或者产生再创作、二次传播的冲动？

这是互联网时代对文案创意提出的全新要求和挑战。

互联网品牌观：你若端着，我便无感

"得草根者得天下。"这句在互联网圈子里广为流传的话，简洁形象地传达出互联网时代全新的商业认识和价值取向——做服务和产品不要总想着去满足所谓的金领用户，而是应该面向更广大的用户群体。

传统的市场营销遵循的是意大利经济学家帕累托提出的"二八定律"，即：

1. 把精力放在那些有80%客户去购买的20%的主流商品上；
2. 着力维护购买其80%商品的20%的主流客户。

而互联网时代的"草根"经济，是一种典型的"长尾经济"：单个消费者贡献的消费额不高，但用户规模大，使得最终消费额总量极大。

在传统营销时代，开拓市场需要很大的人力成本，因此"长尾市场"入不敷出，很难避免亏损的风险，而互联网技术的高度发展，使得用低成本甚至零成本去开拓和维持无数个小市场成为可能，于是，"长尾"的价值开始前所未有地凸显出来。

比如，谷歌为数以百万计的小企业和个人打广告，从中获得巨大利益，而以往这些小企业和个人都是不被重视的客户；亿贝开创前所未有的商业模式，创造了惊人交易量和利润，也是通过让数量众多的小企业和个人通过平台进行小件商品的销售互动来实现的；而在国内，如腾讯、阿里这些"互联网大佬"，也是在积累大量个人用户的前提下，实现了商业上的跨越式发展。

资深广告人叶茂中说得很形象,过去的企业都忙着捡"西瓜",而忽视了散落一地的"芝麻",如今大家都明白捡"芝麻"背后蕴含的巨大利益。

以"9158"为例,他们的招股书显示,大约有 59% 的用户来自三四线或以下城市,而贡献了很大利润的核心用户大部分来自农村。三四线以下城市和农村用户,这些过去传统企业不屑于去维护的用户,如今备受重视,因为他们聚合起来就是一个庞大的消费群体。所谓的"得草根者得天下",换句话说,其实就是"得用户者得天下",不管这些用户地位高低、消费能力大小,在互联网时代,只有最大限度地聚集并且留住用户,才能称雄市场。

核心用户群体的改变,决定了营销方式和文案写作手法和风格也必须有所调整。最直接的要求就是"接地气":不能端着,不能太虚,要实在,直接说出重点和痛点,语言风格要为大众所喜闻乐见。

来看一看各家"高大上"的互联网公司去农村刷的墙报:

既然追求的是用户数量，企业的营销和广告文案就必须照顾绝大多数用户的审美和文化水平。先不论这些文案是否戳中农村用户痛点，但至少它们足够"接地气"，通俗，一目了然，而且朗朗上口，便于口头传播。

当然，刷墙报是一个比较极端的例子，是"互联网大佬"们为了抢占农村市场而做出的有针对性的举措。但是，看看各大互联网公司的产品广告语：

"淘！我喜欢"

"QQ邮箱，常联系"

"百度一下，你就知道"

"随时随地分享身边的新鲜事儿"

……

都是很接地气的文案。

在去中心化的互联网时代，无论是面对增速巨大的三四线城市和农村网民，还是面对在网络虚拟世界里成长起来的核心网民群体85后、90后，商业文案的写作都需要认清这样一个现实：高高在上，用户无感。

这里的"高高在上"，不仅是指文案风格和语言表达上的"高大上"，更是指企业或产品在消费者面前摆出的"高姿态"。

互联网为人们造就了一个"扁平化世界"，没有权威，没有绝对的中心，每个人都可以表达自己、证明自己、展现自己，每个人都能够轻易地获得大量信息，在这种环境下，人们自然会倾向于不迷信权威，不盲目崇拜，对那些和自己拉开距离的"高大上"品牌不买账、不认同。

尤其是作为网民核心群体的 85 后、90 后，这一代人被称为"网游的一代"，虚拟世界长大的一代、被速度喂养大的一代，完全区别于此前的 70 后、80 后，拥有自己鲜明的个性和思维特征。

前段时间，在对一群 85 后优秀职场人士进行的调研中，当问到"如果你的上级能够做出一项可以让你士气更高的改变，你希望那是什么"时，异口同声的回答是："他们应该更关注我。"

对这一代年轻人来说，实现个人价值的需求、被关注的需求，远远高于其他需求。网络的"扁平化"体验，以及网游的虚拟体验，使得这一代人极度追求个人价值。他们不再接受权威和教化，他们要求的是对话、是认同。那些能够认同他们，和他们处在同等位置上对话的产品或者品牌，才能获得他们的认同。

"我要的，现在就要"，这一则品牌广告，引发了广泛的群体共鸣，在微博上掀起了再创作的热潮和讨论，甚至吸引了很多名人主动参与传播。原因何在？

很简单，因为这句话戳中了年轻一代人的痛点。被速度喂养长大的 85 后、90 后，不再有耐心隐忍、等待，不再相信遥远的结局，也不愿意再花费漫长的时间去等待一个很大的回报，他们的特点是：即时反馈。反馈速度越快、激励周期越短，对他们的影响力就越大。

在权威倒塌、迷信粉碎的互联网时代，品牌需要迅速适应新的消费群体和消费逻辑，契合目标群体的态度、个性和风格，放低姿

态,和目标用户充分对话,努力去获取他们的认同,这样才能俘获未来消费主体的心。

对应以 90 后为主体的新一代消费群体在个体成长时的重要向往与焦虑,品牌可以有以下几个相应的转变方向:

1. 作为生活创新的品牌

90 后把个体建构的重心放到了当下,生活成为承担当下的关键。因此，比起代表梦想或完美生活、身份符号的品牌，他们更需要作为生活创新者的品牌，以带给他们直接的价值。

2. 作为兴趣养成者的品牌

比起改变世界，这一代人更热衷于对自我的探索，他们更注重自我的兴趣，以及自我的体验，这意味着品牌的角色需要及时转换，提供切实的工具和方法，陪伴年轻人去探索和实践自己的兴趣。

3. 作为关系黏合者的品牌

相对于其他人，90后更能享受一个人独处的感觉，但对于他们来说，归属感的寻求，仍然将是重要话题。对品牌来说，以产品和服务的形态，帮助黏合和建立人际关系，是很重要的趋势。

用户思维：五步写出有销售力的文案

过去，广告文案大师们发明出许多"文案公式"来指导文案的写作。其中最著名的公式是 AIDA：

A：Attention（注意力）；

I：Interest（兴趣）；

D：Desire（渴望）；

A：Action（行动）。

根据这个公式，文案首先要吸引读者的注意力，然后让他们产生兴趣，并将兴趣转化为对产品的渴望，最后促成购买行动。

另一个有名的文案公式是 ACCA：

A：Awareness（认知）；

C：Comprehension（理解）；

C：Conviction（确认）；

A：Action（行动）。

顾名思义，首先让消费者认知到产品的存在，接着让他们理解产品，然后使他们确定有意愿购买，最后促使他们采取购买行动。

我们会发现，不管哪一种公式，都具备一个共同点——站在消费者的角度来考虑文案应该怎么写，而这也是文案写作中最重要的法则之一。

用互联网思维来概括，也可以将这个法则称为"用户思维"。

"用户思维"是互联网思维的核心，与互联网相关的产品设计、极致用户体验和口碑传播等，都离不开用户的参与。这种思维的实质是：

1. 有明确的受众群概念

受众群体是围绕产品的使用而形成的，不再受限于社会阶层的分类。

2. 注重用户体验

在社交媒体上，每个用户都同时是受众和传播者，这就导致媒体的用户体验性不断加强。

3. 同时是一种产品思维

过去工业时代，产品是流水线上的产品，而在互联网时代，产品是消费意义上的产品。产品即媒介，有产品，才有用户，所以用户思维实际上也是一种产品思维。

文案的"用户思维",实质是互联网思维在营销领域的一种延伸和运用。

一、钻入用户脑海,说出那句话

用户购买的不是产品,而是这些产品能够为自己做的事、带来的好处。所以好的文案应该钻入用户脑海,说出用户想听的话。换句话讲,你写出来的不应该是产品的特色,而是这些特色为用户带来的益处,是用户之所以应该购买这一产品的强有力的"理由"。

在这方面,苹果公司是一个很好的例子。

2001年,苹果公司推出第一代iPod,这个横空出世的产品,拥有可以承载1000首音乐的5GB存储、能播放1000首歌曲的电池、能在10分钟内传输1000首歌的火线端口,以及在当时看来能够和多点触控(multi-touch)媲美的滚轮,这样的功能特性和硬件配置,几乎秒杀当时市面上大部分的音乐播放器。

但是,怎样来描述它的产品特色和独特优势,并精简地传达给消费者呢？总不能一一列举这些优势吧？这样只会显得啰唆、枯燥，不知所云。结果，乔布斯举重若轻地解决了这个难题，他为发布会打出的标题是"把1000首歌装进口袋"。寥寥几个字，从消费者的角度出发，形象化地描述出了产品能够为消费者做的事。

不是说自己想说的话，而应该说用户想听的话——说起来简单，实际上很难做到，因为每个人都习惯于从"自我视角"出发来思考问题。

如何做到"用户视角"呢？有几个关键的思考模式可供参考：

1. "情感化"思考模式

美国顶尖商业思想家亚德里安·斯莱沃斯基在《需求》一书中提及"魔力公式"：魔力 M= 卓越功能 F × 情感诉求 E。

从这个公式可以看出，一款魔力产品首先必须拥有卓越的性能，比如耐用、使用流畅等。但是，卓越的性能本身并不能创造魔力，富有魔力的产品还须具备情感方面的诉求，这种产品才能够为客户创造良好的情感体验。

这个公式带给文案的启发是：少提及功能诉求，多使用情感诉求。

当你拿到一个产品，需要为它撰写文案的时候，可以试着先使用"情感化"思考模式，这样你自然就会具备"用户视角"，从而为产品找到用户需求的入口。

2. "用户麻烦"思考模式

每一个没有被满足的需求，都属于"用户麻烦"，而每一条"用户麻烦"，也都恰好是一个挖掘并创造新需求的机会。

用心去观察生活中人们所遇到的各种麻烦，找到用户没有开口告诉你的困扰，并且写下来，你就能够写出"用户视角"的文案，说出用户最想听的那句话。

二、"BFD 公式"：和用户聊聊

要想从消费者的角度出发，写出符合他们心理预期、戳中痛点、满足他们需求的文案，就必须先了解他们。

如何了解用户？试试"BFD 公式"。

BFD 是指迈克尔·马斯森特提出的消费者"核心情结"，即驱使消费者去购买一件产品的信念（Beliefs）、感受（Feelings）和渴望（Desires）。

如果你想了解消费者，那么你需要了解的就是这三个方面：

1. 信念：你的消费者相信什么？他们对产品的态度是什么？他们如何看待产品解决问题的能力？

2. 感受：他们有什么感觉？他们是自信气盛，还是紧张害怕？他们对生活中、商业来往或业界的重要问题有什么感受？

3. 渴望：他们想要什么？他们的目标是什么？他们想要在生活中看见哪些改变，正巧是你的产品可以协助达成的？

三、赢在标题

大卫·奥格威说："除非你的标题能帮助你出售自己的产品，否则你就浪费了 90% 的金钱。"言下之意，要将产品最吸引人之处，也就是消费者最关注的内容体现在广告标题中，体现在最显眼的地方。

吸引注意力，这是文案写作需要重点考虑的问题，有人曾用

"过山车对话"来比喻文案在当下这个节奏越来越快、注意力越来越稀缺的时代需要达到的强度:你坐在过山车上俯冲而下,你的心上人坐在迎面而来的另一辆过山车上,两辆过山车擦肩而过的一瞬间,你能不能大声喊出一句话,打动她的心,让她嫁给你?

在信息泛滥的世界里,一则文案吸引读者注意力的时间往往只有短短几秒,在这短短几秒钟时间里,你写出的文案是否能够紧紧抓住读者的注意力,绝大多数情况下取决于标题的好坏。

现在,我们都明白了标题的重要性,那么如何"赢在标题"?

从用户思维出发,你可以参照以下四个文案标题公式:

第一个公式:怎么做 + 可以得到什么好处

比如,"学会这些英文单词,你就可以在广告圈混了",要明确地将用户想要的结果提炼在标题上,不要在标题上玩文字游戏,不要将你的文案"卖点"雪藏起来。

第二个公式:数字对比 + 已经发生的结果

这个公式的重点在于,要在标题上善用数字,给人以直观深刻的印象。比如你说减肥成功,不如说"从120斤到90斤";说好文案和差文案的区别,不如说"月薪3000和月薪30000的区别"。

第三个公式:目标用户痛点 + 场景

比如,"我们不生产水,只是大自然的搬运工",这个标题构建的场景,瞬间就能戳中用户的痛点:食品、饮品安全问题。比较一下,假如你说"天然矿泉水,来自×××",效果是不是弱了很多,因为没有场景,消费者无法想象这个"天然"是什么概念。

第四个公式：事情 + 符号

标题要学会嫁接符号。符号通常包括：地标、名人、每天常见的事物。标题里融入这些元素，不仅更容易得到读者的好感，而且当他帮你传播的时候，也更容易脱口而出。举个例子，"西安最帅售票员走红"和"西安最帅售票员走红，酷似吴彦祖"这两个标题，哪个你更想点击进去看，哪个更便于传播？类似的例子还有："固安新城，天安门正南 50 公里"，比起说"南三环正南 20 公里"是不是更引人注意？

四、沟通是终极目的

撰写广告文案的目的，不是为了显示你文笔有多好，知识有多渊博，而是为了沟通。

举个例子，iPhone 手机，800 万像素，1080p 分辨率，可以进行超高清拍摄，还能编辑和分享图片。文案怎么写？"新的 800 万像素摄像头提供了高达 1080p 超高清的视频拍摄功能，同时手机内置编辑工具，可以直接分享给朋友"？看起来很厉害，但实际上很可能大家都不知道你在说什么。看 iPhone 是怎么说的：

"拍摄，编辑，分享。所有都是高清。"简单的词汇、短句，一眼就能看懂。这才是和消费者之间最有效的"沟通"。

一篇有沟通力的文案怎么写？

首先，不是写，而是说。

你可能也有这种毛病，一提起笔来，就习惯性地使用书面语气，以及一些看起来更权威的词语，不要这样，要像说话那样写作，人们是怎么说话的，你就怎么写。

其次，找准用户群再开口。

以上面的 iPhone 文案为例，就文字风格而言，它是典型的"苹果风格"：干净利落，注重视觉上和听觉上的设计感和美感。这和它的目标用户群体主流审美是相符的。假如你的用户群是一群 00 后的孩子，你还会这样写文案吗？找准用户群，了解他们，然后再开口。

再次，沟通就是对话。

沟通的目的有两个：一是传达信息，让对方听懂；二是激起对方的回应。文案的目的也是如此，所以要让文案具备沟通力，最好的办法就是，想象你在和消费者直接对话。

好了，完成文案后，你还可以依据以下五大规则，检查它是否成功：

1. 强有力的开头；
2. 单一主题；
3. 简单通俗的语言；
4. 给听众想象的空间；

5. 戏剧性。

做了这三件事,你的文案就可以拉出去枪毙了

写出了好文案,就一定有好的传播和营销效果吗?

不一定。

在现在这个信息爆棚、各路社交媒体聚集的互联网环境里,你的每个受众都可能比你聪明,闭门造书式的文案肯定行不通。

那么,制造出了好的传播效果,就一定于产品、品牌有益吗?

也不一定。

这是一个迅速产生流行的时代,一句流行语、一个热点,很可能几小时就能引爆全网。但是,流行得快消失得也快,一篇上亿阅读量的文案也会迅速过时,不再被人提起。为了传播而传播的文案,照样行不通。

从某种程度上来讲,文案就是在真正优质的、关联产品和品牌的内容与病毒式的传播效果中寻找平衡。一旦失去平衡,文案就容易犯错。

下面盘点互联网文案最容易犯的三大错误。

错误一,把噱头当卖点

做广告很容易犯的一个错误,就是著名广告人大卫·奥格威所说的:"在广告中加入过多的华而不实的噱头。"

为了吸引眼球,广告难免玩弄一些噱头,这无可厚非。尤其是

在社交网络时代，品牌甚至需要适当的噱头来为营销制造话题，帮助传播。

什么叫噱头，什么叫卖点？用小米公司黎万强的话来说，卖点就是用户愿意为之掏钱的，噱头就是有意思但用户不会为之掏钱的。

判断的标准很简单：用户愿不愿意为此掏钱。

所谓"把噱头当卖点"，就是说纯粹为了吸引注意而制造噱头，丝毫不考虑与产品的适用性和关联性，或者光顾着炒作噱头，没有把产品最大、最本质的那个点讲清楚。

目前，常见的噱头宣传方式有：

1. 过度拔高某些产品的功能材质；
2. 借助热点公共人物做代言宣传；
3. 大肆宣传公司相关的负面新闻。

这些噱头宣传的确能在一定程度上提高产品的知名度，但是噱头文案带来的知名度更多是哗众取宠的负面效应，而不是关于产品设计、质量和使用的好感。

把噱头当卖点，这是广告人很容易掉进去的一个陷阱，有趣的话题和产品结合，需要把握好度，为了有趣而有趣，或者卖弄过头，不符合产品和品牌调性，那就失去了做广告的初衷。

尤其在社交网络上，噱头的传播速度极快，但没有人会因此记住并喜欢你的产品。

错误二，沉迷于个性和文风

广告大师克劳德·霍普金斯曾在自传中这样说道："我的用词浅显

就是快

小米手机 2S ¥1999

全新四核1.7GHz发烧级智能手机，MIUI V5系统如虎添翼
正品购买渠道：xiaomi.com或当地运营商营业厅

易懂，句子也很简短。学者们可以讥讽我的风格，阔佬们可以嘲笑我要突出的'卖点'，但是成千上万住在陋室里的普通人会阅读它，购买它介绍的产品。他们会觉得写广告的人了解他们，而他们也构成了95%的广告消费人群。"

写小说需要展露作家的个性和独特文风，但文案语言是为潜在消费者服务的，不需要加入文案写作者的个人风格。除非你能够像李欣频、许舜英那样，将自己经营成个人品牌。否则，还是老老实实写最容易让人理解的文案吧。

第2代小米手机发布时，团队要做一张给框架广告的海报。2代手机核心卖点是性能翻倍，全球首款四核，所以在海报表达上倾向于突出这种高性能的特性，"快"是核心关键词。

文案创意起初有"唯快不破""性能怪兽"等十几个方案，但最后的定稿是"小米手机就是快"，大白话，突出最核心的卖点，浅显易懂，不要帅。

再如小米有一款99元的活塞耳机，在发布之前为它做文案的时候，小米的策划团队遇到了困难。因为耳机是个很专业的东西，尤

其注重音质,可音质又不是能用图文精准表达的,即使是市场已有的商家在精准介绍的时候也只有"高频突出,中频实,低频沉"这样玄乎其玄的说法。

团队人员上交了很多初稿文案,比如灵感来自于F1活塞设计,航空铝合金一体成型的音腔,奶嘴级硅质,柔软舒适,等等,基本都是太过专业,不接地气。

最终,经过无数次的讨论,该文案定为——小米活塞耳机,99元听歌神器。

"活塞"设计蕴含一定技术亮点,但该词也没有太过专业生僻;

"听歌"而不是"听音乐",避免故意装专业,缺乏足够亲和力;

"神器"是一个流行词,表意强大,内涵极广,形容事物的超强实力很贴切;

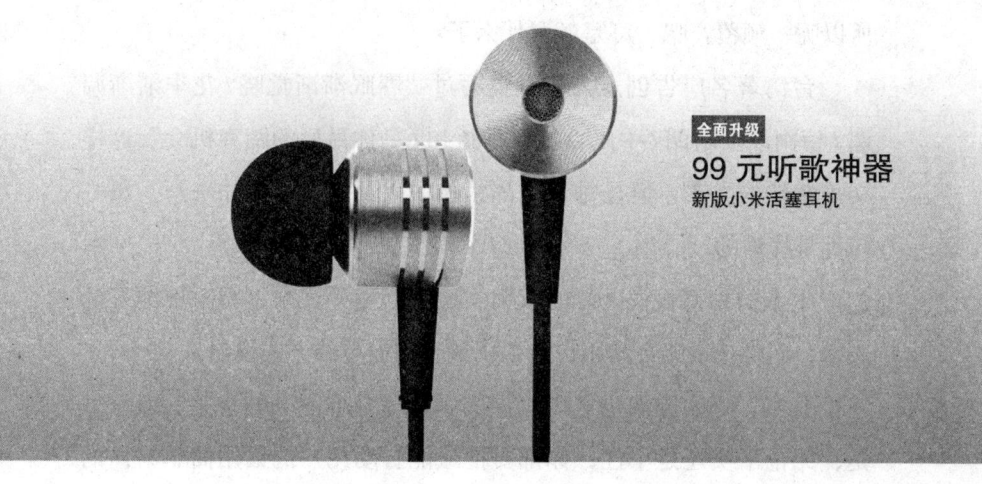

"99元"更是直接标明了小米耳机的超值性价比。

如果你想在文案中耍帅,那么结果很可能就是这样的:

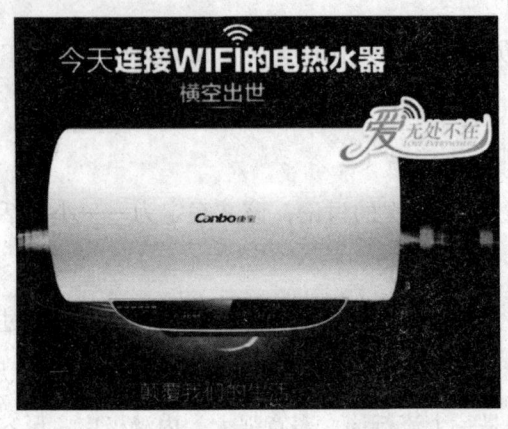

"今天……横空出世""颠覆"这些词听起来很帅,但是,你知道它在说什么吗?消费者的想法是:连接 Wi-Fi 的电热水器,是的,所以呢?颠覆?嗯,可是颠覆什么了?

台湾著名广告创意人许舜英写过"春眠渐渐觉晓 / 花季渐渐凋谢 / 梅雨渐渐晴朗 / 中兴百货春季折扣 / 是你最后的踏春机会"这样文采斐然的文案,但是每一句都紧扣中兴百货春季折扣来写,每一句都是易懂的。

小米的黎万强说,好的营销文案不是卖弄文采,写一堆漂亮的文字,而是把最能打动用户的话用最直接简单的方式说出来。

其实,好的文案也可以卖弄文采,写一堆漂亮的文字,但重点是,无论平实还是个性,你都要把最能打动用户的话用简单易懂的方式说出来。

错误三，创意大于产品

在我们的社交网络上，流传着一些所谓的"最佳创意"作品，你点进去看，会为那鬼斧神工的广告创意而惊叹。但是，要是问你那些创意出自哪个品牌，描述的是哪种产品，你经常会答不上来。

这就是广告文案容易犯的第三个错误：创意大于产品。

比如：

这则名为《爸，你在哪？我不要玩了，出来啦》的感人广告短片，荣获 2011 年 YouTube 台湾最热门广告影片第二名，数百万的点击量，曾在网络上被疯传。但是，大多数人都只记住了故事，却没记住这是哪家寿险公司的广告。

为什么广告红了，却让人记不住产品和品牌？

因为这则广告换任何一个寿险公司来做，都是一样的。品牌的差异化，并没有被凸显出来。用这个品类都有的共同特性来诉求，就会造成广告红品牌不红的现象。

如何在广告创意中植入品牌"差异性"？

1. 信息要单纯锐利

比如本田的一则广告，传达的信息单一而锐利（产品设计历史），没有多余的杂音，广告创意也很单纯，因而容易给人留下品牌印象。反观上一则寿险广告，广告创意很好，但传达的品牌信息却缺少差异性，不够锐利，以至于让人记不住究竟是哪个寿险品牌。

2. 将有差异性的信息戏剧化

一个没有被表现过的、贴合品牌信息的广告手法，很重要。试想，假如本田这则广告只是用镜头一一展示自己65年来的产品，那估计都没人看。

广告创意的顺序应该是：先将品牌的差异性提炼出来，然后找到相应的创意手法。

3. 持续传播

找到差异性定位之后，要持续地进行传播，创意可以变，品牌定位不要变。

4. 重视用户对信息的反应

如果用户只是开心地评价"这广告真逗"，或者说"好有创意"，却丝毫不提及你的产品，那就要小心了。多收集广告信息反馈，你就能够衡量出你的文案究竟是创意大于产品，还是创意烘托了产品。

【案例】百度输入法 "Hi，约吗"：酷就是随性自然、接地气

"Hi，约吗？"一条醒目的百度输入法 iPhone 版广告语，美国时间 2014 年 10 月 20 日出现在纽约时代广场的大屏幕上。

初一看，便让人产生几个疑问：

为什么要在时代广场？

输入法也能约？

外国人用中文输入？

实际上，从这句中英文夹杂的文案可以看出来，百度输入法瞄准的是巨大的海外华人市场。原因在于，对于海外华人来说，中英文的混用已经成为一种不可逆的语言习惯。之所以选择在时代广场亮相，也是出于这方面的考虑。

华人是 iPhone 最大的用户群之一，但早期的 iOS 系统不接受第三方输入法，而 iPhone 手机的自带输入法又不了解中文用户的使用习惯，因此一直折磨着中文输入用户。当 iPhone 终于抛弃自己的偏

执，开始尊重华语世界的语言习惯，开放第三方输入法时，百度手机输入法看准这一时机，专门开发出适合海外华人使用的输入法功能——中英文混输操作，成为最早介入的品牌。

现在再看广告词"Hi，约吗"，会发现这句中英混搭的文案正好契合华人在使用手机输入时的特殊习惯，同时也切入了百度输入法iPhone版的核心卖点。

"约吗"，在博大精深的汉语语境中，其实有多种不同含意，可以是约会、约饭，也可理解为"约架"等，几乎所有相约一起干的事情都能用这句话来表达。

具体到产品，这里的"约"可以理解为三层含义：

一是百度输入法本身的"中英文混输"的产品功能；

二是百度输入法向华人互联网用户发出邀约，即百度输入法作为最懂中文表达的输入法、作为第一款支持iOS8的中文输入法，向全球华人用户打声招呼；

三是从输入法本身的产品层面看，"约"承载着百度输入法想传达的沟通、交流的含义，文字作为沟通最基本的载体，而输入法又是文字的传送载体。

通过这简单的几个字，能够看到一个自然随性接地气的百度。

第二章

有诚意，和用户做个好朋友

任何时候品牌都要慰藉人心

过去工业时代,产品追求的是功能标准(FAB):

F:Fact,属性;

A:Advantage,优势;

B:Benefit,客户利益。

也就是说,过去的产品追求的是功效,以及竞争对手没有的功能优势。

而在今天的互联网大环境下,产品强调的已经不再是功能,而是情感体验。

用《商业秀》作者斯科特·麦克凯恩的话来说,产品营销就是创造与用户的情感联系。其核心有两点:

1. 极致的体验;

2. 强烈的情感诉求。

过去,你卖一件产品,我付钱,这是合理的商业逻辑,但如今,消费者追求的很可能不是功能功效,不是逻辑的合理性,他买一件产品,理由可能只是一句"我乐意"。

凭什么让消费者"乐意"？这就要求当下的产品要去触动他们的心灵，提供超越商业的价值。

"提供超越商业的价值"，可以通过各种方式：

产品；

内容营销；

服务；

……

每一个步骤，都可以利用起来。

"罗辑思维"创始人罗振宇说过一个观点，他认为，在互联网时代，"一切产业皆媒体，一切内容皆广告"。如何理解？以前，传统品牌的打造基本是靠大量的广告，而这些广告需要第三方媒体（通常是传统媒体）和各种营销渠道来实现投放，但现在，互联网品牌完全可以"0广告"崛起，小米手机就是一个最好的例证。

在这个时代，不是只有正统的广告才能塑造品牌形象，企业的一举一动一言一行，都是在打造品牌。

去中介（广告和渠道）化，是移动互联网的趋势。互联网企业和品牌减少或去除"中介化"，加强自身的媒体属性之后，面临的首要问题就是：如何处理企业、品牌和用户之间的关系。因为没有中介之后，企业相当于直接面对你的用户，这个时候你只能靠自己和用户打交道。

在社交媒体上，企业需要直接和用户进行交流，在产品体验、内容营销和服务上，品牌必须不遗余力地满足用户需求，"提供超越商业的价值"，和用户成为朋友，才能和他们建立深层的联强。

90后创业者，泡否科技创始人马佳佳对互联网品牌观的分析，很能说明问题：

完美的生意就像一场完美的恋爱，品牌和用户之间：

品牌对用户：

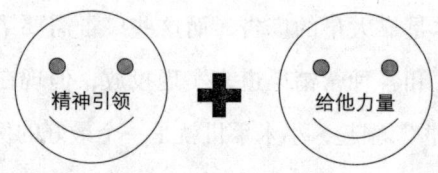

罗振宇也说，在互联网时代，生意得有交情才行。

交情，就是用户对你这个品牌有感情。淘宝上有家店叫"南食召"，卖传统特产和手工面。有一次因为洪水淹了仓库，导致货发不出来，要放在工业时代，当然是消费者怨声四起，企业道歉、赔钱了事，但因为南食召的用户和这家店有了感情，结果很多人主动给南食召打钱，帮它渡过难关。

那么，这种交情是怎么建立起来的？我们平时交朋友，首先三观一致，一拍即合；其次，也是更重要的一点，一定要用十二分的诚意去经营关系,才谈得上交情。

品牌也是一样,和用户建立起交情的原因在于:

1. 独特——品牌辨识度高,能够吸引三观一致的人;

2. 真诚,慰藉人心——用十二分的诚意经营关系。

第二种方式,则是成为圈层意识的象征。

比如小米提出"致敬无悔青春",发售"青春版"手机,为青春代言,这也是慰藉人心的一种方式,为什么这么说,因为它的广告诉求让那些用小米手机的年轻人,在用 iPhone 的人面前一点也不自卑:我们用的手机的确便宜,那又怎样?那证明我们年轻啊,这是我们年轻人用的手机。在这里,小米成了一种青春的证明,成了"年轻人"这一圈层的自我意识象征物。

品牌和用户群体完成了一种"共谋",将"便宜"等劣势特征转变为"年轻""个性"等优势特征。

2015 年台湾全联超市推出的最新文案,也是针对"年轻人"这一群体,将原本很"丢脸"的省钱一事上升为一种生活美学。

海报风格利落简洁，文案出彩。数位不同性格、气质和身份的穿着时尚的年轻人，讲述着各自不同的省钱理由，很容易让年轻人从中找到自己的影子。

在一般人的观念里，尤其是对于年轻人这个群体来讲，省钱是一件很丢脸的事。事实上，全联 30 岁以下的消费者仅占 9%，很多台湾的年轻人去全联消费会有一种"委屈感"。所以全联站出来告诉他们：年轻人省钱并不丢脸，省钱是一种美学，也是一种在理想中顾及现实的姿态。

和用户建立交情，交朋友，并不是说一句"嗨，我们交个朋友吧"就能成功，也不是和用户混得很熟、打成一片就可以，而是要真正去理解他们的所思所想，说他们想说的话，甚至要帮他们说出不敢说的话。

有时，你需要温柔地在一旁守护；

有时，你需要和他们一起"对抗"世界；

有时，你需要帮他们"出气""撑腰"；

有时，你得为他们收拾残局；

…………

品牌和用户之间真正的交情是，你的存在，你说的话，你的一举一动，对用户来说都是一种走心的慰藉。

五种文案写法，对用户表达善意

被称作"网络文化发言人"的美国《连线》杂志创始人凯文·凯利，曾经预测出六个未来互联网趋势：

1. 屏幕化（screening）

2. 互动（interacting）

3. 分享（sharing）

4. 流动（flowing）

5. 访问而非拥有（accessing，not oweing）

6. 价值创造（generating，not copying）

今天再来看这几个趋势，很好理解。互动，分享，流动，这都是基于人与人的连接而言。过去说21世纪人才最重要，现在则认为连接最重要。连接是典型的互联网思维，即基于关系的思维。用网媒领军人物李善友的话来讲，互联网思维就是：产品只是入口，社群才是商业模式。

小米创始人雷军说站在风口，猪都能飞起来。让小米飞起来的风口，就是社群连接。在网络社会中，关系和连接的重要性不言而喻。全世界最大的出租公司优步没有一辆出租车，全世界最热门的媒体脸书没有一个内容制作人，全世界最大的住宿服务商爱彼迎没有任何房产，全世界最大的零售商阿里巴巴没有一件商品库存，它们的共同点都是只做了一件事，那就是建立和连接社群。

用户即资源，互联网品牌竞争的本质是竞争用户资源。当然，用户资源不仅看数量，更要看质量。如何看质量？李善友给出的公式是：

社群势能 = 产品质量 × 连接系数

其中，连接系数和你的粉丝（铁粉）数有关。也就是说，铁粉越多，连接系数越大，社群势能也越大。粉丝和普通用户不同，他们和品牌有很强的情感关联，他们会希望你更好，会帮着你变得更好。如果一个品牌有一万个铁粉，那它一定能够创造颠覆性的成功。

作为品牌，要提高社群势能，首先，持续完善并保证产品质量；其次，提升连接系数。

提升连接系数的方法，从文案角度来回答就是：所有文字，都对用户表达善意。这里的"文字"，包括产品文案、页面文案、社交平台文案、公关文案、交互文案、服务文案等等，总之，所有需要和用户打交道的范畴，都应算作品牌文案的一部分，都应将用户的体验放在第一位。

具体怎么做呢？

一、为用户提供方便

举个例子，在手机地图上可以直接叫车，这时打车软件会弹出窗口（见下页图）：

比较这两条文案的高下，很明显，后者优于前者。因为后者是站在用户角度考虑，详细提供了用户所需的信息，一目了然。如果

 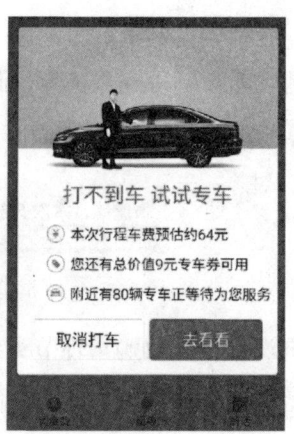

你是一名用户,你当然会更愿意点击后者。

二、话说明白,别给用户制造困惑

文案对用户表达善意,并不意味着你所撰写的文案必须语气柔软,用语讲究,卖萌撒娇,而是应该在所有细节上恰到好处地给予用户方便,或者,仅仅只是把话说得简洁明了。这是一则发给用户的短信文案:

是不是要看好几遍才能看明白?作为一条以服务为目的的短信,意思含糊不清是致命伤。这则文案光顾着玩感情牌,却忘了用户在这个时候最需要的是清晰明了的指导。

三、废话也"友善"

所谓"善意",是善解人意,而不是自顾自地表演善良和情意。文案的"善意"可以体现在方方面面,有时候,它很可能只是一句废话:

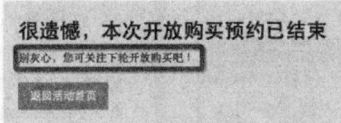

用户没有在开放购买环节买到产品,当然会感到很失落,所以有的产品官网会在"预约结束"的文案下面,加上这么一句话:别灰心,您可关注下一轮。

仔细想一想,这是一句彻头彻尾的废话,这一轮没有买到,谁不知道可以关注下一轮?但有这么一句文案在这儿,可以转移用户负面情绪,让用户得到安慰,同时也可以起到引导用户参与下一轮购买的作用,制造用户黏性,可谓一举多得。

四、对"敌人"不善就是对用户友善

还有的时候,文案的"善意"很可能表现得"毫无善意",比如网易云音乐在被微信朋友圈"封杀"之后所撰写的微博文案。

2015 年 2 月，腾讯单方面禁止网易云音乐、虾米音乐、天天动听等音乐 App 在微信朋友圈的分享。几乎在同一天，网易云音乐发出了一条名为"再见，朋友圈；你好，好音乐"的长微博。

这条得到将近两万转发的长微博文案，全文如下：

我在网易云音乐等你

如你们所知，微信屏蔽了网易云音乐的分享接口，网易云音乐的用户无法将音乐分享到微信中了。

对网易云音乐的用户，说声抱歉。因为微信是他们的，他们需要为自己做出抉择。

不过其实，也并没有多么糟。

不怪微信

我们没什么缘由好抱怨的，毕竟那是他们的地盘。他们有自己的音乐应用，他们也不想失去市场份额，他们还要继续卖绿钻，他们还要靠微信来弥补流失的社交基因，他们还需要让微信帮助自己更具想象力，他们还要顶着开放互联网精神压力，他们有自己的无奈，他们有自己的理由。

不怪微信，这是他们应该做的。

无惧告别

分享不是因为渠道优秀，而是因为音乐态度。每天有数千万的用户在网易云音乐内创建和分享歌单、评论和分享歌曲，他们发现附近的朋友在听什么歌，收到专属的个性化推荐，遇见新朋友，重逢老歌曲。相比之下，我们更珍惜我们所拥有的。

无惧告别，我在网易云音乐等你。

不吝祝福

相信绿钻音乐在没有天敌、没有对手的微信温室中可以快乐生长。他有路人点赞，我有"朋友"声援，他想成为音乐的帝国，我只给你音乐的快乐。祝福绿钻音乐可以再无忧愁，可以肆意生长，祝它枝繁叶茂，祝它说一不二。

不吝祝福，因为目空一切的，未必不心存自卑。

音乐因态度而共鸣，因共鸣而温暖。

能改变的，是我们的分享方式，但锁不住的，是热爱音乐和自由的心。

带上你的满腔热爱，带着你的音乐挚友，让我们回到尊重音乐的地方。

网易云音乐，音乐有态度。

网易云音乐

媒体和用户评论：这回应"有态度"。

文案一出来，就有不少用户表示，"不能分享朋友圈没关系，以后可以截图分享"，或者"以后就认网易云了"，"打死也不听 QQ 音乐"，等等。

没有"讨好"，没有"献媚"，相反，网易文案保留了自己的"态度"和品格，忠实于再现品牌的内涵和气质，正是这一点，满足了用户期待，继而赢得了他们的忠诚。

五、比用户更懂他

优秀的文案，能够直接带来用户的转化和黏性，而且，优秀的文案，可以出现任何时间、任何"地点"：

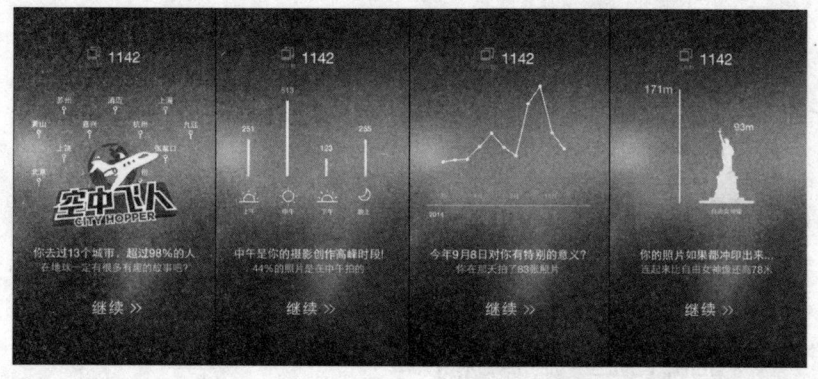

这是某相机 App 的"数据统计"文案，统计用户这一年的足迹、行为、成果等，原本只是列出几个数据的事，这个 App 却用一种相当贴心，也相当形象化、生活化的方式帮助用户回忆了一年的历程，它比你自己更懂你，试想，你会舍得卸载它吗？你会不愿意

向朋友推荐它吗？

知乎的文案，则是"很有腔调"地懂你：

作为一个连接用户社群的互联网平台，知乎的文案基本是以用户为中心，每一句，都是在鼓励用户创造并分享自己，而且都让人很受用。包括邮件提醒文案：

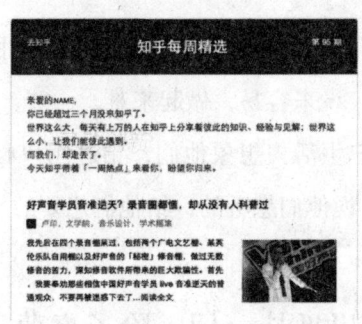
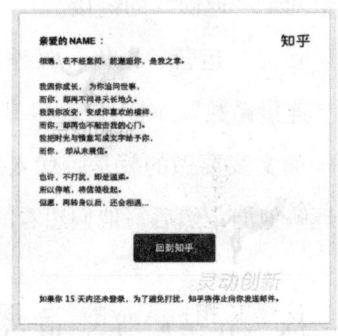

这两封邮件的标题分别是：

"××，我们还可以回到从前吗？"

"××，我想我可能要离开你了。"

收到这样的邮件,你真的会忍心注销账号吗?

就连页面宕机的时候,文案也很有"范儿":

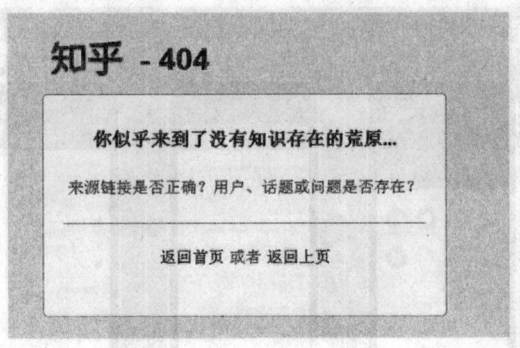

对于用户而言,页面宕机是一种不好的使用体验,而知乎这一句文案,既出乎意料,又贴合它的产品。更"善解人意"的是,接下来就很实在地提醒用户:是不是链接来源错了?最后再很贴心地送上两个"返回"的链接。

产品、运营、销售、服务,每一个环节都可能决定品牌和用户的"连接系数"。对用户表达善意,说来容易,做起来难。

而文案要做的就是:代入用户生活去想象他们,钻进用户心里去理解他们,然后写他们想看的,说他们想听的,给他们想要的。

三种"共谋"法:用户可以抵挡一切,除了虚荣心

网媒领军人物、酷6网创始人李善友在"移动互联网时代的颠覆式创新"讲座中曾提及:"互联网品牌定位应该越窄越好"。

他提出，这个定位最好涉及一点点心理"禁忌"，抓住人们真心想要却又有所顾忌的心理，简单来讲，就是要抓住人们的"虚荣心"。

比如软饮界的可口可乐和百事可乐，可口可乐是百年老品牌，原本是这一行业的唯一霸主，百事可乐作为后起之秀，如何占据市场？它提出的定位是年轻。

和可口可乐原本的正统、正宗定位比起来，这是一个反其道而行之的定位，而且看起来很窄，只针对于年轻人，但是百事可乐借此迅速获得了市场份额。不仅年轻人愿意喝这种诉求年轻的可乐，年纪大的人也愿意喝，因为他们有一个隐秘的心理，即追求年轻，想要证明自己还没老。这是一种虚荣心，但不便言明，而他们所购买的产品，可以巧妙地帮助他们宣泄这一心理需求。

虚荣心无处不在，买一块手表，买一个手机，买一辆车，甚至在办公室网购零食，背后都很可能有着虚荣心的支撑，嘴上不说，心里活动却是：你们看，我多有品位；你们看，我的喜好多么特别；你们看，我有钱，但我更有内涵；你们看，我买的零食你们都没吃过……

品牌定位要抓住人们最隐秘的、不便明说的"虚荣心"，才能从极窄的定位里得到生机。比如万宝路，我们都知道它的品牌定位是男子气概，但是，今天我们去看抽万宝路的人，不一定都是具有男子气概的人，那些不太"男人"的男人和"女汉子"也会青睐万宝路，理由很简单，因为心底的小小虚荣：向往。

小米的定位是"为发烧而生"，今天小米用户上亿，难道都是发烧友？当然不是，但这并不妨碍用户以此标榜自己，并引以为豪。

再来看蝉游记 App，它的广告语是"发现旅游之美"，作为一款文艺旅游软件，算是中规中矩，但它写得更好的文案却是这个：

如果说"发现旅游之美"是很宽泛的定位，那么，"超多女生在这里写游记"，定位就很窄很具体了。

但我们看看这句文案带来的效应：女生看到了这句话会想，那我也要在这里写游记；男生看到了也会想，那我也来这里写游记。这句话同时打动了两类人，一样的行为，不一样的心理。但心理的诱因都是一样的：虚荣心。

社会心理学家罗伯特·西奥迪尼在他的《影响力》一书中，从心理学角度提出了六个影响购买的"影响力诱因"，简称 CLARCCS：

1. 攀比（Comparison）：同类的力量。

2. 喜好（Liking）：平衡理论。"我喜欢你……我愿意掏钱给你！"

3. 权威（Authority）：破译可信度的密码。

4. 互惠（Reciprocation）：礼尚往来……有利可图！

5. 承诺/一致性（Commitment/consistentcy）："铜墙铁壁"技巧。

6. 稀缺（Scarcity）：在有货时赶紧拿到它们。

"影响力诱因"的第一条就是攀比,对广告人来说,掌握用户的这一心理,将是非常强大的武器。攀比的心理学依据是"从众效应",人类心理学告诉我们:没有人喜欢被排除在外,我们全都受一种寻求归属的需要所驱使。

当我们和"同类"攀比时:

首先,我们是想在同类中寻求归属感,好让自己知道我们没有被排除在圈子之外。

其次,我们想要赢过别的同类,至少是在心理上,希望产生优越感,满足自己的虚荣心。

如今风靡世界的雀巢速溶咖啡,刚问世时,曾一度遭受冷落。当时,它的广告拼命宣传速溶咖啡的简单、快捷、方便等优点,认为这些符合人们快节奏生活的需求。结果,人们的确承认了它的优点,却在购买时仍然选择普通咖啡。原因很简单,当时购买咖啡的人群主要是主妇群体,作为主妇,当然很想省事,减轻家务的负担,但社会规范和舆论却会认为一位为了图省事而购买速溶咖啡的主妇,不是好主妇。这和纸尿布刚问世时的情形一模一样。纸尿布的广告,大力宣传产品方便、省时等优点,作为主妇,当然也想为了省事去买纸尿布,但同样过不了舆论这一关。

后来,雀巢公司改变了产品定位,宣传的重点从只强调省时、方便转变为强调可以让主妇腾出更多时间精力去做其他事情,创造更多财富和生活乐趣,同时强调速溶咖啡和普通咖啡一样醇美浓郁。这样一来,不仅扭转了产品形象,也改变了社会舆论,主妇们当然欣然购买。

同样，纸尿布的制造商也改变了广告诉求，从宣传方便快捷，转而宣传纸尿布干净、透气，能够呵护宝宝的小屁股，这样一来，主妇购买的理由就从说不出口的"图省事"转变为冠冕堂皇的"为宝宝着想"，纸尿布由此得以迅速普及。

表面上看，品牌洞察人们隐秘的心理，从而满足这种心理，这完全是一种商业手段，但从本质上来讲，这是一种"共谋"：品牌和消费者之间的"共谋"。

共谋有以下几种实现方式。

1. 改变产品诉求

作为品牌，生产产品的目的是满足相应的需求，而这种需求也确实是消费者实际存在的需求，但因为舆论的存在阻碍了这一需求的普及，所以品牌首先要做的就是开辟一个新的、更狭窄的定位，避开原有的舆论，和消费者之间达成"共谋"：

我提供 A，你想要 A，但你说不出口——我懂你，所以我们一致对外，心知肚明地把 A 说辞转换为 B 说辞，结果皆大欢喜。

2. 扭转舆论

怎么向消费者表达诚意，怎么和他们成为朋友？有时你需要说出他们说不出口的话；有时，却需要保持沉默，和他们共享秘密。

人是社会性动物，普遍过不了"虚荣"这一关。这里的"虚荣"，不一定是买名牌、坐豪车、晒豪宅的那种"虚荣"，也不是一个贬义词，它只是一种心理上的"从众"。谁也没办法脱离周围的舆论而存在。

品牌和消费者之间"共谋",关键在于"懂你说的,懂你没说的",但懂了之后,不一定要说出来。

3. 点透而不说破

"虚荣"这种心理,不能说,说不得,一说就破,最好的境界是点透而不说破,彼此心照不宣,心领神会。

微信在推出 6.1 版本时,新增了"微信红包"功能,为了提醒更多用户及时更新,在更新版本的开场文案中设置了这样的页面,迅速引发分享热潮:

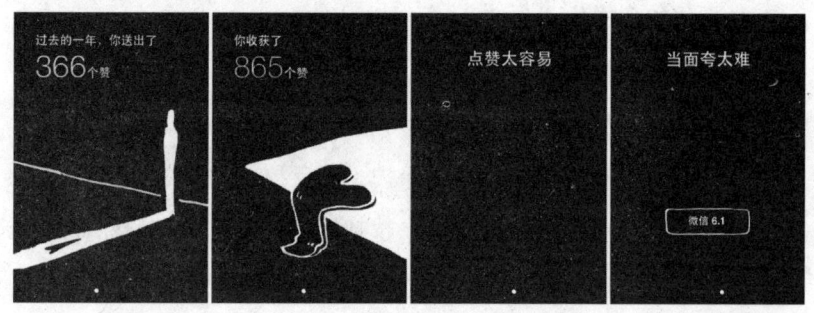

点过的赞,得到的赞,只是这样一个简单的统计,却让人玩得不亦乐乎。究其缘由,仍是虚荣作祟。谁都想知道,自己送出了多少赞,得到了多少赞,以评价自己在"社交圈"的地位和成就。

虚荣并非贬义,每个人都有小小的虚荣心,即使只是在社交网络上分享自己喜欢的一篇文章、一段视频,背后的动机也与虚荣有关:你会成为一个传播的中心,而你的朋友们会看到这一点,对你形成良好的社交评价。

互联网时代，别试图讨好所有人

罗辑思维创始人罗振宇说，互联网已经让社会从一个大群体分裂成无数个小群体。

他举例说，1990年的北京亚运会，全国的人都知道，很多人都关注、声援，甚至捐款，但今天，这种全民性的大事件越来越少见，有些事件常常在某个或某些圈层闹翻天，圈外人却一无所知。

互联网的普及造就了三种变化：

1. 圈层的多样化；

2. 人群的标签化；

3. 消费符号类型化。

高富帅、草根、中二、动物保护、单反控、90后、小清新、二次元、妹控、热血漫……人们越来越越愿意用各式各样的标签来定义自己，每个圈层和每个族群，都有自己固定的消费符号，同一个人可能身处多个圈层，他们通常对圈层外的人群和事物不感兴趣，或者干脆持否定和反感态度，而对自己所属的圈层相当维护，对"圈层领袖"也十分信赖。

如果我们重新审视消费者的角色，就会发现，在互联网环境下，消费者绝不仅仅是使用和购买产品的人，他们的角色是多元化的：

第一个角色：受众。

第二个角色：购买者。

第三个角色：体验者。

第四个角色：传播者。

过去，消费者也或多或少地承担着这四个角色的任务，但只有在互联网式的场景入口里，消费者才转变为极其重要的连接节点。

互联网催生了新的消费现象和消费群体，也催生出新的品牌策略。所以我们看到玩互联网思维玩得很成功的人，比如雕爷牛腩的雕爷、黄太吉创始人赫畅、罗辑思维的罗振宇，他们有一个共同点是：经常在网上很粗鲁地骂人。

这样做的原因在于，他们都自觉或不自觉地意识到：只有让一部分人恨他，才能让另一部分人爱他。赫畅的说法更直白："对那些人妥协，就是对支持我的人忘恩负义。"

这种事情放在过去很难想象，企业家怎么能骂人呢？但是在这个"企业媒体化""产品即媒介"的时代，要建立社群，要打造粉丝经济，就必须有人"爱"你，所以你不能"扁平"地讨好所有人，你只能"深度"地讨好一部分人。这样建立起来的"社群"才是有黏性、有价值的。

一、别装斯文，"互黑"更讨喜

我们今天在网络上经常看到的"文案大战"，就是互联网社群化、圈层化的具体表现之一。不同的品牌，受众圈层不同，再加上社交媒体平台信息的即时呈现和即时关联，导致品牌文案"战争"很容易发生。而这种"战争"又往往是用户喜闻乐见、津津乐道的。

如2014年"双十二"电商移动客户端的"文案大战"，引来围观叫好无数,最后甚至成了年度标志性的"事件"。

首先出招的是淘宝,它将自己 App 首页的按钮图标,改成了"真心便宜,不然是狗"文案:

接着,京东在 App 首页给出回应:拒绝假货,不玩猫腻。

随后，其他电商平台纷纷跟进，加入"猫狗大战"，矛头同时指向淘宝和京东：

当当：敢不玩猫腻，敢不低是狗。

苏宁易购：真比猫狗省。

国美在线：货真价低，猫狗快闪。

1号店：若非底价，猫狗不如。而且每句话后面还有一句神补刀：有钱，任性。

亚马逊"乱入",逗翻众人:你们以为我首页没有图标就不能玩了吗!

唯品会紧随其后:不带我玩,好坏好坏。明显是为亚马逊打抱不平来了。

你方唱罢我登场,一众电商"互黑"得不亦乐乎,消费者们"观战"也津津有味。

大家都心知肚明,双十二电商图标文案互黑大战的背后,其实是一场炒作,但那又有什么关系?对任性的消费者来说,围观一场有趣的"大战",顺便"痛快剁手",何乐而不为?

二、别装淡定,"过激"赢人心

2015 年初马云和京东之间的"公关"之战,同样让媒体和网友看了一出好戏。

首先是马云"炮轰"京东的一番言论被媒体"断章取义"拎出来,在微博和朋友圈里刷屏:

京东将来会成为悲剧,这个悲剧是我第一天就提醒大家的,不是我比他强,而是方向性的问题,这是没办法的。你知道京东现在多少人吗?5 万人!阿里巴巴是慢慢长起来的,现在才 23000 人。收购加起来是 25000 人。你知道我为什么不做快递?现在京东 5 万人,仓储将近三四万人,一天配上 200 万的包裹。我现在平均每天要配上 2700 万的包裹,什么概念?中国十年之后,每天将有 3 亿个包裹,你得聘请 100 万人,那这 100 万人就搞死你了,你再管试试?而且它的 60% 收入是在中关村和淘宝,它自己网上不可能这么大量。所以,我在公司一再告诉大家,千万不要去碰京东。别到时候自己死了赖上我们。

这番话说得毫不留情,措辞上也不留余地,在社交平台上一石激起千层浪,引发疯狂转载。在这种情势下,"京东黑板报"公众微

信号发出长文《我们会做好自己,时间将证明一切》,回应马云的"悲剧论":

什么是大师?

大师就是你问他格局,他跟你说骄傲——阿里、腾讯、百度已经不是一个档次,我们阿里一马当先。

你问他战略,他跟你说孤独——再过三五年,有几个人看得懂我在买楼?

你问他未来,他跟你说命运——如果美国有一个阿里巴巴,亚马逊还能活吗?

你问他竞争,他跟你说悲悯——京东将来会成为悲剧,这个悲剧是我第一天就提醒大家的……

其中禅语机锋,我慢慢悟。但目光怜悯又让我糊涂。

你起于讲台,纵横捭阖,大展云图。

我兴于柜台,俯身躬耕,专注服务。

你舌绽莲花,构建系统,俯瞰众生。

我筚路蓝缕,傻大黑粗,建设商路。

你建场收租,八方来财,轻松自如。

我采销合一,质量把关,不敢马虎。

你点钞机一开,好运自然来,我们羡慕,却不嫉妒。

我子弟兵数万,努力做自己,尽心只为,感动主顾。

虽然我们常常相互盼顾,但其实并不同路。

让你如此操心,使我泪流如注。

莫名感（qi）动（miao）之后，既然你要穿越三个世纪，我们相约百年好不好？

改一首诗送给你，时间会证明，它是个公正的和事佬：

一马悠忽不见，我自躬耕而行。

心怀虚无之念，不必妄自多情。

这篇长文案一出来，立刻有人批评措辞太激烈，但也有人认为，京东当时饱受"奶茶事件"困扰，这时正好转移公众注意力，措辞激烈应是其策略之一，还有人认为京东这一手"苦情"牌打得很妙，再加上的确是互联网行业"龙头老大"的"欺负"和"出言不逊"在先，因此瞬间博取了一大批用户的同情和支持。

这时，马云终于站出来，在个人微博上做出了回应：

上午，收到公关部王老总一条短信："恭喜您马总，聊天聊嗨了？没想到朋友录音成文吧？"我回他：防不胜防，下次聊天上澡堂……

我这个人喜欢聊天，漫无目的，海阔天空，痛快淋漓而只图"嘴爽"。这些年在很多不同场合，我说了不少的"疯话""胡话"和"愚蠢的吹牛"，给自己也给别人带去了不少问题和麻烦……轻狂和无知总是一路伴随着我……我这年龄真不该"童言无忌"啊！眼泪掉下来。

这次聊天，没想到一个朋友把聊天再次录音成文，很多话确实是我说的，但媒体却弄出一个我批评京东的标题文章，传播得很快。友人间的吹牛聊天被公开成报道，对大家都不公平，特别是对京东公司可能会造成无端的困扰和添乱，我深表歉意。

我补充一下我对京东的另外一些思考吧：任何商业模式都是不完美的，没有所谓真正正确的模式。适合自己的鞋子才是最好的鞋子。适合自己理想的，受客户欢迎的就是最好的！！！如果中国互联网只有一种所谓的正确模式才是我们的悲哀和无知。当然，我们这些创业者都是在每天被人挑战指责下走出来的。今天的京东也已经不是昨天的京东，我们真心关注并祝福它的努力和变革。

我估计也改不了自己"好为人师，毁人不倦"的性格，也习惯了被各种"语录观点"……但是我希望把自己的观点尽量完整表达，以免少再"出口伤人"。新年快乐！（其实下次谁要"录音"，一定记得请带两块电池，万一没电了多麻烦……）

这一出被网友戏称为"猫狗大战"的公关之战，随着马云这篇回应的出炉，就此拉下帷幕。

表面看来，马云的公关策略似乎更胜一筹，针对京东提出的"不必多情"，马云回以"童言无忌"四字，将一场公关危机化解于无形。相比京东的激烈和刻薄，马云的回应显得云淡风轻，很有点四两拨千斤的意思，衬托得京东毫无姿态教养可言。但是，就品牌宣传而言，京东无疑获益更多。

首先是知名度。

这个不用说，一场闹得沸沸扬扬的公关事件，当然有益于品牌曝光度。

其次是形象和地位的提升。

一直以来，人们都习惯于将阿里、腾讯、百度视为互联网巨头相提并论，如今马云亲口点评京东，并且将京东的商业模式和阿里做比较，这样一来，在人们的认知中，不自觉地就会将京东当作阿里的竞争对手。

可见，京东那篇措辞激烈的回应文案，是必要的。如果说阿里的公关策略是云淡风轻的幽默和宽和，那么，京东作为相对"弱势"的一方，塑造出反抗、激愤的励志形象，更易于深入人心。

也就是说，在这样一场较量中，你过激、不淡定、甚至刻薄，那就对了。

用户真正想看的是什么？不是对错、是非，也不是宽容、幽默，而是"针锋相对"的感觉，是"彼此巧妙地化文案为武器死命拼杀"的那种劲头。没有人想看一场温文尔雅，比赛第二友谊第一的"战争"。

网易每次出公关文章，总是惹来一大片骂声，骂它矫情、嘴炮、太装、浮夸、不诚恳。但是，骂声一出，立刻会有一大批死忠粉予以反击和维护：矫情又怎样，嘴炮又如何？我们就是喜欢，这叫有态度！同样，京东此次的回应造成的结果也是这样：骂的人不缺，拥戴的人更不缺。

"文案大战"是一场同时考验反应速度和创意的考验，越是娱乐化、"搏出位"的文案，越能吸引关注，引来喝彩。

在一个全民娱乐化，"一切产业皆是娱乐产业"（叶茂中语）的时代，用户才不管你有没有风度，有没有胸怀，哪怕你小气、浮夸、刻薄、毒舌，哪怕你有各种各样的缺点，只要你演得了一场好戏，骂人骂得巧妙、有智慧、带劲，有脾气有态度，用户都会买账。

所以，在这种环境下，再去费力保持"良好的、完美无缺的品牌形象"，显然是不合时宜的。

四平八稳的品牌策略，不再适应这个时代，别再想着保持形象和风度，讨所有人欢心，拿出真实的样子，拿出诚意和全力，拿出厉害的武器（如反应迅速且巧妙有料的文案），拿出态度（哪怕是不好的态度），品牌才能够在激烈竞争中赢得用户的心。

对此，李善友说得好："不喜欢你的人不会喜欢你，你要做的是，让喜欢你的人更加喜欢你。"

【案例】拯救没落老店：来点"自黑"精神

如果说前面这些海报都是诚意满满、实实在在、感动人心的风格，用诚意和顾客交流，那么接下来的这些海报则有着满满的"自黑"精神，这些店家更愿意用这种"自黑"的诚意打动客人。

这位鱼店老板，完全是用整个身心"自黑"：

文案：老板是本店最活跳跳

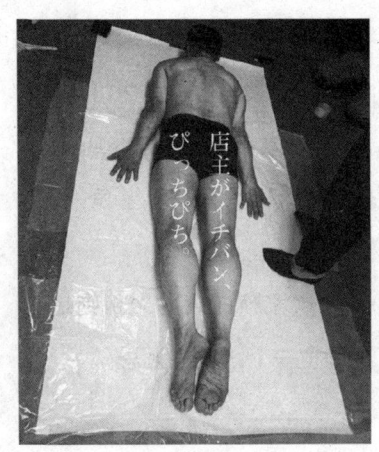

的。50年老鱼铺，鱼心。

文案：

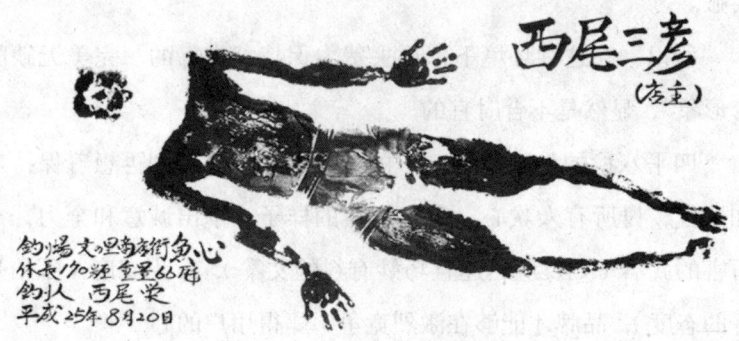

鱼种：西尾三彦（老板）

钓场：文の里商店街鱼心

体长：170厘米

重量：66千克

钓者：西尾荣

平成25年8月20日

文案：老板是本店最大尾的"鱼"。50年老鱼铺，鱼心。

这家腌渍店的老板则是老顽童一个，童言无忌。

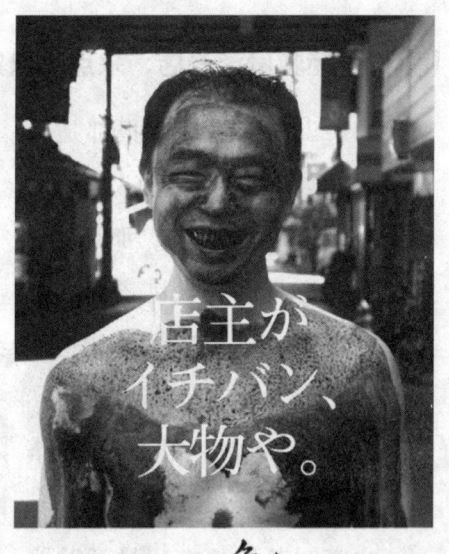

文案：海报设计？快点做啊！我都快死了。

文案：我终于知道这工作够辛苦。

让人忍不住吐槽：您知道得太晚了吧？

文案：不干了，我要去玩。

任性得很，让人想要大呼：别关门！

文案：退休金的钱都比开店赚得多。

棉线店的老奶奶看起来牢骚满腹，实际上谁都能看出来口是心非，你看，她不是好好在守着这家不赚钱的店吗？

文案：手艺的问题尽管问，不然我就忘光光了。

和上面那家店的老爷爷一样，用一种坦荡荡的"负能量"的方式和大家传播着满满的"正能量"：要来就快点来，趁我们还活着。

文案：要把客人当神没错啦，但来过我店里的客人差不多一半都成仙了。

就像奶奶的唠叨一样，没有什么顾忌，很毒舌，不温柔，但是，很温暖。

文案：不买也没关系，快来看我啦。

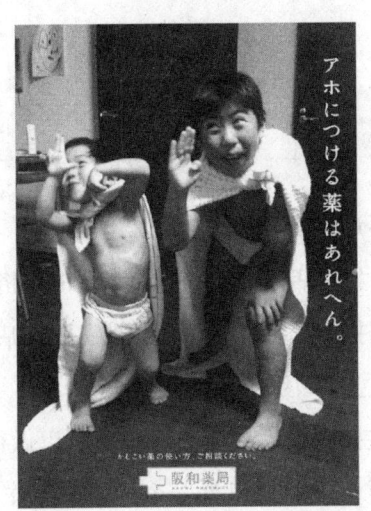

最后卖个萌。

阪和药局，文案只有一句话，十分高冷：我们没有治疗蠢蛋的药。出现在海报里的则是各种各样的"蠢蛋"，如：

既然叫"文の里商店街",怎么能没有书店呢?

这家久保书店的"黑色幽默"玩得更有文艺范儿:

文案:街名就叫"文の里",书店没了怎么行?所以,买两本呗?

文案:其实只看不买是不行的……哎,还是算了。但是,还是要有点眼色啊。

文案:好书不是搜索得来的,而是不期而遇。这话很酷吧?

短短几句话,将书店的气质和书店老板的性格塑造得很鲜明。

无论是哪张海报,都会让人生出想要去这家店一探究竟的欲望,难怪海报一出炉,立刻吸引了成倍的客源。

有人说,这些拯救没落老店的海报之所以做得这么出色,原因在于——没有甲方。虽然这只是一个玩笑,但作为一场没有报酬、也没有限制的创意大赛,去除了商业和工作义务等因素,恰恰让人看到了诚意在广告创意中呈现出来的能量。

第三章

抓心：
文案怎样挠得人又痛又痒

"注意力经济"时代,秒杀关键注意力

互联网信息时代的到来,使得人们手中的装置和终端越来越多,当一个人同时拥有手机、平板、笔记本以及其他设备,并且经常多设备运行时,注意力就变成最稀缺的一种存在。

从前你可以让消费者在电视机前坐着看完一则长达几分钟的广告,如今在互联网上,消费者留给你的时间或许不到一秒。

因此,快速吸引注意,秒杀消费者注意力,也就成了"注意力经济"时代广告文案最关键的因素。

尼尔森 WhySearchMaters 报告显示,大部分人在进行购物行为之前,会先在网上进行搜寻。3月份与谷歌共同发表的行动报告也明确指出:"55%的行动搜寻发生在拿起手机的第一个小时。"

因此在消费者搜索信息的第一时间,如何给他想要的信息,这是广告需要考虑

When shopping for a product or service, consumers say they use the following sources to find a local business from which to buy:*

Source	%
Internet search engines such as Google, Yahoo!, or MSN	73%
Yellow pages telephone directory	65%
Internet yellow pages	50%
Your local newspaper	44%
White pages telephone directory	33%
Television	29%
Direct mail	20%
Consumer review Web sites	18%
Radio	15%
Entertainment coupon book	10%

* Participants could give more than one answer.

的关键因素。换句话说，我们要考虑的是：写什么才吸睛？怎么写才能给予消费者足够的了解和行动的动力？

1."手段－目标链"策略

美国广告培训巨头德鲁·埃里克·惠特曼曾针对消费者心理提出"手段－目标链"策略，该策略建立在这样的理论基础上：消费者的购买行为不是为了满足当下的需要，而是为了达到某个未来的目标，他购买的产品或服务知识实现那个目标的手段。

比如购买性感内衣，当然是为了让自己变得性感，但更终极的目标是吸引男人的目光；购买微波炉，人们想要的不是那个带有按钮和会转圈的玻璃盘的盒子，而是想要快速解决用餐问题，以便有更多时间去做其他事。

所以，写广告文案，永远不要写自己想当然的话，而应该追溯消费者的终极目标。

一款夜拍性能很强的手机，不要写"大光圈，优质感光元件，夜拍能力超强"，而应该这么写：

前者是你想说的引以为豪的手机性能,而后者"可以拍星星的手机",才是消费者真正想要的,这一句文案,传达的是用户可以得到的产品价值。

一架质量上乘的钢琴,文案一定要强调它的质量吗?当然不是,它还可以这么写:

"学琴的孩子不会变坏。"

事实上,这是台湾地区最有名的广告语之一,它抓住父母的心态,采用攻心策略,不讲钢琴的优点,仅仅从学钢琴有利于孩子身心成长的角度,吸引孩子父母的关注。这一点的确很有效,当父母认同山叶的观点时,购买山叶钢琴就是水到渠成的事情。

在市场上,你不是主角,消费者才是。

在文案描述中,产品特性只是附加价值,消费者利益才是主导因素。从消费者的利益出发,这是广告文案写作永恒的真理。尤其在注意力稀缺的互联网时代,消费者只有在发现和自身利益和目标密切相关的关键词,才会主动驻足停留,所以要尽量保证你的文案和他们有关。

2. 化"痛点"为"痛快"

在注意力经济时代,要将产品痛点准确传达并且戳中消费者的痛点,才能吸引消费者的注意力。文字不该是消费者阅读的障碍,要一眼就能够看懂,一眼就能收获核心信息。因此,文案必须化"痛点"为"痛快":剔除多余信息,剥开外壳,直击核心。

美国西南航空公司的口号是：我们是全球票价最低的航空公司。对这一个核心产品价值的坚持和维护，使得这家航空公司在航空业整体获利空间不大的大环境下，连续保持了四十多年的盈利状态。

当然，西南航空公司的成功不仅这一个要素，但是重要的不是事实，而是你说了什么，传达了什么。在文案写作中，剔除产品的无关信息很容易，剔除重要信息就很艰难了，因为你觉得关于产品你有那么多的优点可以传达，每一种都看起来很重要，每一种都可能吸引某一类受众。但假如你在抓痛点、吸睛的广告"战场"上说了三件事，其实就等于一件也没说：你不可能抓住任何人的注意力。

对于消费者而言，核心信息的缺乏和不确定性会让人选择困难，甚至决策瘫痪。以色列心理学家阿莫斯·特维尔斯基曾做过一项调查研究，针对一群受试学生，他给出选项，请学生选择：

（1）去听一位心仪作家的讲座；

（2）去图书馆学习。

在这一组测试中，第一个选项看起来诱惑很大，最终仅有21%的学生下定决心去图书馆学习。

接下来，选项增加：

（1）去听一位心仪作家的讲座；

（2）去图书馆学习；

(3)去看一部一直想看的外国影片。

在这组测试中,决定去图书馆学习的人增加到40%,是前一组的两倍。在学习之外提供两种有趣的选项,反而让更多人哪种都不想选了,这种行为并不"理性",但很人性。

消费者的选择也是一样,文案只有"痛快"地传达并且仅仅只传达核心信息,才能抓住消费者的痛点,一击即中。不要期待一下子就精准无比地传达出一切信息,我们应该做的是,先传达核心信息,成功吸引关注后,再慢慢传达其他信息。在这里,首要的重点仍然是:吸引注意力。

比如,一家快递公司,想要传达的信息可能很多,你很可能想说,你们拥有最多素质最高的快递员,或者最发达、覆盖率最广的快递网络,或者最优质的服务,最快的速度,或者最安全、失误率最少的运送技巧,但你不能什么都说,你只能说一种。如联邦快递(FedEx)广告:

从亚洲到澳洲，犹如临窗之隔。这张平面广告只传达了一个核心信息：快。并且选用了一种简练的方式来传达，一个人将邮包递给另一个人，简单迅捷的传递动作背后蕴含着这一快递品牌最大的优势，吸睛效果满分。

同样引人注目的还有博士（BOSE）耳机。一个耳机可以传达的信息同样很多，做工、材质、降噪、低音效果、品牌相关故事，甚至工艺历史、口碑等等，但BOSE的广告文案只传达一点：无噪声。

戴上耳机，世界与我无关。看得人提心吊胆的画面，身后的巨大危险和男子悠然的姿态形成鲜明对比。

当你把一个核心的信息传达做到极致，就能够成功秒杀消费者的注意力。

六个创意模板:人为制造惊叹

顶尖营销学术期刊《营销科学》中的一篇研究显示:89%的优秀获奖创意广告实际上来自六个创意模板,而在没有获奖的创意广告中,只有2.5%的广告使用了这六个模板之一。

创意来自于模板,这是否颠覆了我们对创意的印象?其实创意并非天马行空,也并不是把一群人关在会议室头脑风暴就能够产生,这世上绝没有凭空而来的创意,所有的创意都是在前人知识和经验基础上的"创新",同时必须遵循一定的规则和原理。

研究数据很能说明问题:严格使用了创意模板的广告明显具有更优质的创意,以及由此带来的最佳效果——在广告中"人为制造惊叹",吸引更多关注和兴趣。

那么,如何参考这六个模板为你的创意加分?

1. 极端情景模板(The Extreme Situation Template)

找到一个情景,将产品的卖点凸显到荒谬的、不现实的程度。

这是一则音响广告，为了突出效果，呈现出一幅周围的车都被这种音响效果掀翻了的情景，十分夸张，不切实际，但广告效果很好。

银行广告：即使战乱（极端情景），我们也很安全。

再如另一家快递公司的广告：没有我们送达不了的地方。

为了突出产品优势而塑造出一个极端的情景：躲在床底下的男人，在一旁亲热的男女，这个任谁都能会心的场景，配合收到快递

的男子一脸惊吓的表情,呈现出荒谬又搞笑的戏剧效果。

为了塑造这样的极端情景,最常用的手法就是"替代",你不用购买我们的产品,其实有替代方案,但同时广告的潜台词是:这个替代方案是荒谬的,不现实的。

如奥迪车 GPS 导航的广告中,塑造了一个极端情景:在城市里,你没有我们的 GPS 服务也可以,你可以用巨大路标来替代(这是荒谬的,不可能的)。

2. 形象化类比模板(The Pictorial Analogy Template)

使用某个具有相同特性的物品,以形象化手法和你的产品痛点进行类比。

比如,如何突出一款巧克力入口即融、不腻不黏的口感?口感是很私人化的感受,而且是很抽象的感受,不管你用多么贴切的词语形容，都难以令人产生直观印象。因此，形象化类比是最好的方法。

德芙巧克力是这么做的：

由口感的"入口即融，不黏不腻"联想到丝绸柔滑的质感，因此用"丝绸"这一实物做类比，从而给人一种巧克力如丝绸般"丝滑"的感觉。巧克力和丝绸，本来完全不沾边的两种东西，被放在一起进行类比，毫不牵强地找到了共通点，由此创造出醒目的广告效果。

创意本身就是给人带来惊叹的艺术，但创造这种惊叹的方法是有规律可循的，使用"形象化类比"通常包含三个步骤：

（1）找到产品痛点，设想在一般大众认知中，这一痛点的象征物是什么。

（2）找到产品最适用于类比这一痛点的部分，是包装，还是形状；是颜色，还是LOGO？

（3）创造一个创意的新形象，把两者联系起来。

很多优秀的广告都使用上述方法，为自己的产品特点找到了最佳呈现方式。

如相机广告：

产品痛点：防抖。

痛点的象征物：正在跳舞的舞蹈演员凝固的动作。

连接点：用这款防抖相机拍照，就像用钢丝固定住一个正在跳舞的人。

再如快递公司广告：

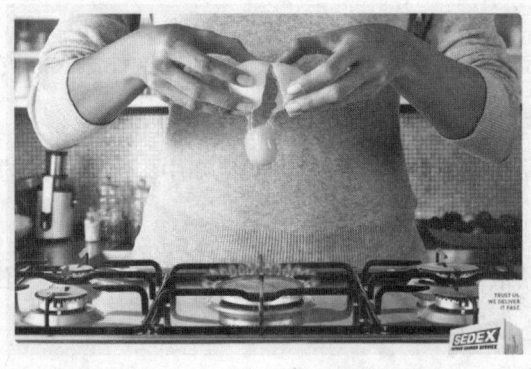

产品痛点：快速。

痛点的象征物：不用煎锅煎鸡蛋。

连接点：送货速度之快，就像直接在火上煎鸡蛋。

内衣广告：

产品痛点：性感惹火。

痛点的象征物：灭火器。

连接点：性感内衣的惹火程度，到了需要灭火器的地步。

任何一个关于产品特性的抽象概念，都可以找到不止一个"象征物"，就看你能不能充分发挥联想，以一种常人意想不到的方式来具化这种抽象化的产品特性，在人们头脑中人为制造出情理之中、意料之外的惊叹效应。

3.呈现后果模板（The Consequences Template）

向消费者呈现使用产品的极端后果，或者负面后果。

如菜刀广告:

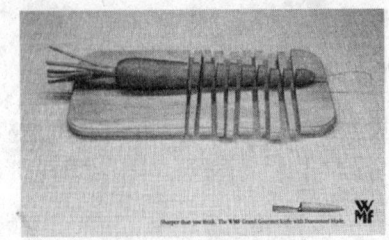

为了突出菜刀的锋利程度,呈现出使用产品之后的极端后果:用这种菜刀切菜的人,甚至连砧板都切开了。

汽车保养产品广告:使用我们的产品,会让车模从车身上滑下来。

手电筒广告:功率太强,小心烧着身边的东西。

广告不一定要夸产品好，有时也可以呈现一些因为功能太好所导致的负面后果，这种反其道而行之的手法，往往能够在消费者心中留下更深刻的认知。

4. 互动实验模板（The Interactive Experiment Template）

让消费者根据广告完成一个行动，或者让消费者想象完成行动的情景。

如嘉士伯啤酒最新户外广告：

嘉士伯啤酒和广告代理商 Fold7 及设计公司 Mission Media 合作，在英国伦敦 Brick Lane 的一面户外看板上推出一个广告，上面写着"这可能是世界上最棒的海报（Probably the best poster in the world）"。

凭什么自称"最棒"呢？因为海报前方，嘉士伯提供免费的啤酒，人们可以扭开水龙头，自己装来喝，直接让产品与消费者接触，让广告本身通过消费者的行为产生互动。

5. 改变维度模板（The Dimensionality Alteration Template）

对产品进行时间或空间上的转换。

如将它放到过去或未来：

这是一则保险柜广告，没有好的安全措施，那么你收到的礼物很可能是送给小偷的。

通过时间（未来）的置换，突出产品功效：假如你没有使用这个产品（安全的保险柜），那么很可能在未来会发生令你后悔的事

（贵重物品被偷走）。

或者从空间上来讲，也可以这么做：

KFC 广告，一口吃掉汉堡、薯条和鸡腿，很好地运用了负空间艺术来表现 KFC 食物的美味。

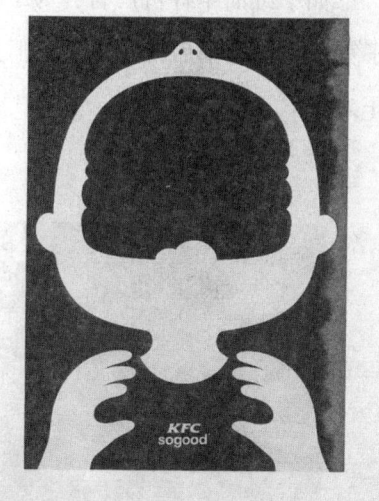

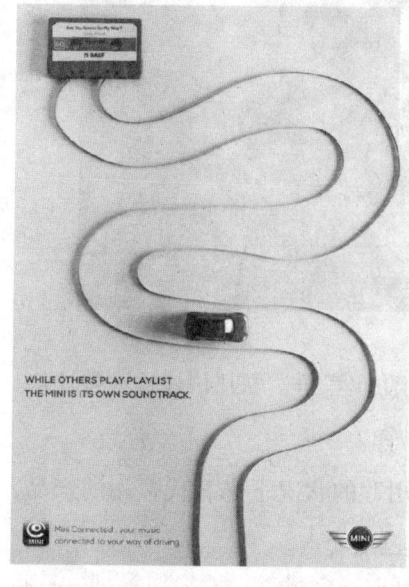

宝马 MINI 平面广告：当你关上 MINI 汽车门的那一刹那，你就进入了 MINI 为你量身定制的 VIP Live 现场，无论你去到哪儿，都会有你最爱的音乐，一路陪伴。

通过空间置换（把汽车行驶道路置换成磁带组成的音乐之路），突出产品特性的手法，表现力和画面感更胜一筹。

6. 制造竞争模板（The Competition Template）

跟非同类产品进行对比竞争，突出产品优势。

如李维斯牛仔裤广告,为了突出牛仔裤的结实,让牛仔裤和绳子竞争。车抛锚后拖车来了,但是没有绳子,于是用牛仔裤代替绳子来拖车。

再如联邦快递广告:

为了突出速度,让快递车和消防车竞争。联邦快递比火警还快,所以干脆用他们家的快递运送消防车。

通过让产品出于某种"非常用"的状况下来替代常用的产品,在这种非常规的竞争中,往往更能凸显卖点。

创意或许没有边界,但一定有模板,模板的存在不是为了限制想象力,而是为了托起想象力,让它更好发力。

记住这六个创意模板,向89%的优秀广告看齐,开始你的创意之旅吧。

让人意外：广告是打破常规的艺术

当所有产品都习惯于强调自己第一时，如果你这时候站出来，说自己排名第二，效果一定更好——这是打破常规为广告带来的效用。

打破常规，能够最大程度地吸引关注。它激起的情感反应是这样的：

1. 惊讶——吸引他人注意。
2. 兴趣——维持他人注意。

人类适应规律性事物的速度很快，持续不变的感官刺激往往让人视而不见，听而不闻。比如空调和冰箱的嗡嗡声，外面的交通噪声，只有发生变化时，我们才会注意到。

人脑可能忽略规律性事物，但天生就对各种变化十分敏感。

如果你的广告能够打破常规，制造意外，让人惊讶，那就成功了一大半。

下面是制造"意外"效果的几种手法。

一、让"不可能"成为"可能"

我们都知道汽车广告是什么样的，跑车突出昂贵或速度，卡车突出动能、载重或者稳定性，越野车突出越野性能，商务车突出品质，休旅车突出仓储，等等。几乎所有的汽车广告都是这样拍的：漂亮的一尘不染的车子穿行在山路、公路、野外，或者其他任何地方，配以华丽的文案独白。

因此，当一则汽车广告打算反叛这一常规时，它就很有可能创造出令人惊叹的创意。

比如人们津津乐道的沃尔沃卡车广告，为了突出卡车驾驶的稳定性和安全性，别出心裁地邀请了著名演员尚格·云顿站在两辆平行的、正在行驶的卡车之间，完成了一个据称没有使用任何特效的高难度动作。

惊险无比的场面，难以置信的效果，使得这个广告视频获得了数亿次点击和关注，并被评为2013年度最好的广告之一。

不可能→可能，在这个过程中，需要明确几点：

1. "不可能"的事并非真的不可能实现，而是指在大众普遍认知中"不可能"完成的事；

2. 要打破公众认知，就要充分营造事件的"不可预测"性；

3. 创意要别开生面，忌模仿。

二、打破心理预期

甲壳虫汽车也是靠突破常规的广告而成功的汽车品牌,因为它是唯一一个拿自己缺点当卖点的汽车品牌。

早在20世纪60年代,甲壳虫汽车刚进入美国市场,就开始拿自己的缺陷来做文章。当时美国还是大型车的天下,小巧的甲壳虫根本没办法开拓市场,是著名广告人伯恩巴克"Think Small"的广告主张拯救了它,成就了甲壳虫数十年的经典。

这是甲壳虫另一则经典广告。文案是:别笑。

可爱小巧的甲壳虫汽车里,坐着一个牛高马大的警察。"严肃点,这可是警车甲壳虫!做这一行不容易,既要出得厅堂穿梭于停车场,还得下得警局抓得住坏人。"

虽然文案说的是"别笑",但整则广告却处处引人发笑,伯恩巴克用这种"逆向思维"还为甲壳虫创作了另一句经典文案,"我们可笑的小引擎当然能使我们可笑的小汽车快速前冲。"

这都是打破公众心理预期的精彩创意。

具体而言,打破预期的要点如下:

1. 知道大众的普遍心理预设是什么,比如当时的社会环境里,人们的心理预设是:广告都是夸自己的;

2. 打破预期要尽量使用幽默的方式,这样更容易被人喜欢;

3. 使用"陌生化表达"。

三、将"常识"推向"非常识"

将打破常规这一广告艺术实践得更加彻底的,是别克汽车公司昂科雷多功能休旅车(Buick Enclave)的一则电视广告:

广告开场:一部昂科雷停在公园前,男孩拿着橄榄球头盔爬进车里,两个妹妹紧跟在后面。

女声旁白:"别克推出全新车型昂科雷。"

接下来的镜头是:爸爸手握方向盘,妈妈坐在副驾驶座上,车内立着保温杯架。爸爸发动车子,从路边驶出。

旁白:"史上最宽敞的小型厢式车。"

汽车缓缓驶过郊区街道。

旁白:"本车功能包括遥控滑动门、覆盖150个频道的车载电视、全景天窗、自动保温杯架和六点定位导航系统……它是专为家庭出行设计的小型车。"

昂科雷停在十字路口。男孩正透过侧窗向外望，车窗上倒映着枝叶繁茂的大树。接着爸爸开车驶入十字路口。

意外就在这时发生了。一辆超速行驶的车子冲进十字路口，从侧面撞上了别克车。车祸相当惨烈，金属外壳变了形，玻璃一下子变成碎片。

画面渐黑，字幕浮现："没料到会发生这种事吧？"

问句淡出，回答淡入："这种事总是料想不到。"

背景音里，汽车喇叭因被卡住一直在鸣笛。最后，屏幕上飞入一行字："系好安全带，安全随时在。"

前面说过，我们对汽车广告存在固有的认知，那是因为大多数汽车广告都遵从着这些规则，即使是那些最具创意、最别出心裁的广告，也不会在汽车广告里来一段惨烈的车祸。这是常识。但别克昂科雷将"常识"推向了"非常识"。

"非常识"的意外信息是极容易引人注目并让人牢牢记住的。原因在于：

1. 违背常识的信息会在瞬间抓取人的注意力；

2. 注意力会带来深刻记忆；

3. 非常识的出现，会引发思考和探索的兴趣。

四、打破"新的常规"

如果我们承认，广告是一门不断打破常规的艺术，那么，常规本身也将是不断发展变化的。假设有一天，所有的产品都开始习惯示弱，都开始拿自己的缺点当卖点，这个时候能够看清趋势，出其不意颠覆"新常规"的人，就会出其不意地获得成功。

广告是一门永远要推陈出新的艺术。

在互联网"注意力经济"时代，所有的广告都追求"短平快"，希望瞬间抓取消费者注意力，一些品牌却反其道而行之。比如杜蕾斯为旗下的 Air 空气套宣传，推出了一条长达三小时的广告片。

新品发布的海报是这样的：

"好的东西值得等"，这并不是一句多么出彩的文案，抓住的也是很常见的消费者心理，人们对自己想要的东西总是会耐着性子去等，

比如下一代 Phone，限量款的 Jordan 鞋……但当你看到后来杜蕾斯在著名的哔哩哔哩弹幕网站推出的广告片，你就会明白这个"等"字意味着什么。

长达三小时的广告片，主题就是等待。前面 90 分钟用视频的缓冲符号 + 两个人循环动态的形式，后 90 分钟则采取了"一镜到底"的手法，表现剧中人物的等待。也许你认为这样冗长无聊的广告没人会看，实际结果却是，不止 100 万人看了这则广告在哔哩哔哩网站上的在线直播，而且有超过 30 万人同时在线看完了。就连在非主要渠道的腾讯视频，这部广告片也被播出了 11 万次之多。

通过这样一种反常规的形式，杜蕾斯空前成功地创造了大热的话题，百万的参与度，同时也在消费者心中创造出一个独特的记忆点。逆向思维，反其道而行之，反传统，这些都可以作为广告创新的重要方向，但一定不要盲目迷信这一点，叛逆本身也会逐渐成为一种常规，要想戳中人们在泛滥信息轰炸下逐渐麻木的神经，广告创意就要永远处在变化之中，永远打破边界，永不止步。

ELM 经验法则：文案就是要让销售成为多余

为什么大多数广告都是浪费？

有一种基于大脑神经学和行为经济学的说法认为：消费者只会在特定的时间、特定的场所，购买能够满足他当下目标的商品或服务，除此之外的信息，他都会视而不见。比如你刚刚吃饱，有人向你推销食物，或者你刚刚买了一台跑步机，有人又向你推荐跑步机，结果会如何？

人需要一件商品，或者一项服务，是因为有相应的目标要实现。

肚子饿了要吃东西，无聊了要娱乐要社交，有需要，就有动机，而动机将引发行为，这就是完成"购买"的过程。假如缺乏特定场景，没有需要，没有目标，那就不会产生动机。

所以广告要做的事就是：使产品成为特定场景下消费者想要实现目标、满足需求时的第一选择。

这其实是里斯和特劳特的"定位"理论所说："（品牌）定位就是在顾客头脑中寻找一块空地，扎扎实实地占据下来，作为'根据地'，不被别人抢占"，"是让品牌在消费者的心智中占据最有利的位置，使品牌成为某个类别或某种特性的代表品牌。这样当消费者产生相关需求时，便会将定位品牌作为首选，也就是说这个品牌占据了这个定位。"

如果说销售是在特定场景下，针对目标人群，运用话术等其他技巧而实施的一种促进购买的行为，那么广告文案的最高境界就是要让销售成为多余。在消费者产生需求的时候，你不需要再花费心思，在他耳边苦口婆心地推销产品，因为你早已在他心目中占据一席之地。

那么实际上品牌文案要怎么做？这里有一个法则可供参考：ELM经验法则。

ELM经验法则，即推敲可能性模型（Elaboration Likelihood Model，简称ELM），这一法则认为，改变人们的态度有两条路径：中央路径（central route）和外围路径（peripheral route）。

中央路径：利用逻辑、推理和深入思考来说服别人。

具体做法：灌输各种事实、数据、证据、证书、研究、报告，将它们融入你的文案中。如：

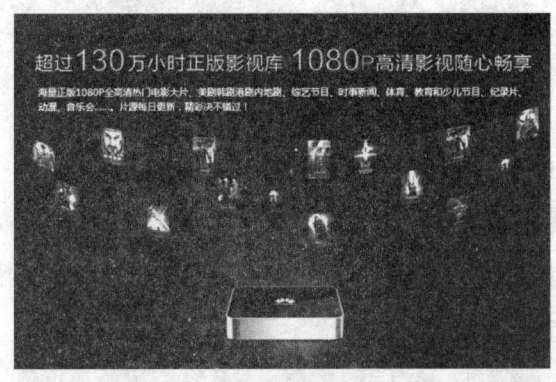

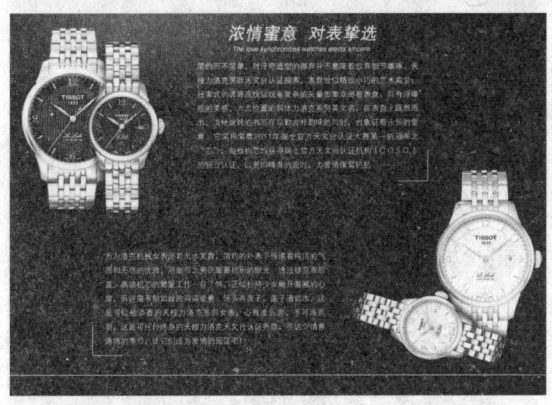

外围路径：利用愉快的想法和积极的形象或"暗示"所产生的联想来说服别人。

具体做法：在你的广告文案中填满色彩缤纷、令人愉快的形象，幽默或受人欢迎的主题，或者名人代言、推荐等等。如：

 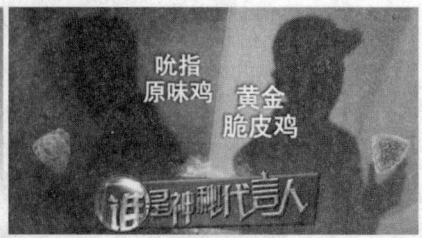

两种不同的路径;对应的是不同的消费者诉求。

大多数时候,在广告文案中,这两种处理方式是并存的。比如沃尔沃汽车的"安全"之所以能够在消费者心目中深深扎根,首先是因为那些别具创意的广告:

在早期的报纸广告中,沃尔沃汽车采用照相技术,拍摄了一张不可思议的照片,一辆辆沃尔沃汽车的超强叠加,充分证明其车身的坚固。

作为世界上最安全的汽车,沃尔沃汽车的广告从来没有吝啬表达"安全"。"能战胜死神",是广告特有的夸张手法,但的确是沃尔沃汽车的"自信"。

这种自信来源于历史、数据、以及一系列事实,多年来,沃尔沃创造出许多世界第一:

1927年:带自动雨刮器的安全挡风玻璃。

1944年:整体式车厢,保护事故后的车内乘客。

1944年:多层挡风玻璃,可以保证15年的使用寿命。

1958年:固定式三点安全带,由沃尔沃的工程师Nils Bohlin发明,并于次年投入使用。

1960年:填充式仪表板。

1967年：后座三点式安全带。

1970年：成立业内首个汽车事故调查研究小组。

1973年：电子后窗玻璃除霜器。

1984年：第一家全车系皆采用刹车防抱死系统（Anti-Lock Breaking System，ABS）的汽车公司。

1987年：后中座三点式安全带。

1991年：儿童安全座椅。

1992年：具有5年寿命的防侧撞加强结构。

1995年：发布世界第一个防侧撞安全气囊（Side Impact Protection System，SIPS）。

2000年：发布颈部保护系统（Whiplash Protection System，WHIPS）。

2003年：发布配备有滚转保护系统（Rollover Protection System，ROPS）和横向稳定控制系统（Roll Stability Control，RSC）的多功能越野车（SUV）——Volvo XC90 V8。

……

从"外围路径"入手，在消费者心目中建立起毋庸置疑的"安全"形象，"中央路径"则作为事实和数据支撑，有力地支撑起这一品牌的核心定位。

【案例】宜家：用户买的不是床而是睡眠

消费心理学家概括出人类共有的八种基本"欲望"，或者也可以称之为"八大原力"（Life-Force 8，简称LF8）：

1. 生存、享受生活、延长寿命；

2. 享受食物和饮料；

3. 免于恐惧、痛苦和危险；

4. 寻求性伴侣；

5. 追求舒适的生活条件；

6. 与人攀比；

7. 照顾和保护自己所爱的人；

8. 获得社会认同。

除此之外，还有9种后天习得的需求：

1. 获取信息的需求；

2. 满足好奇心的需求；

3. 保持身体和周围环境清洁的需求；

4. 追求效率的需求；

5. 对便捷的需求；

6. 对可靠性（质量）的需求；

7. 表达美与风格的需求；

8. 追求经济（利润）的需求；

9. 对物美价廉的商品的需求。

如果你的产品或服务能够满足这些欲望或需求中的任何一种或几种，那么你就有条件提出利益主张，把产品的"好处"放在广告中，让销售像滚雪球一样增长。

当然，重点是：广告中指明的"好处"，是能够向潜在消费者提供价值的东西,而不是让自己受益的东西。

要知道,好处和特色不是同一种东西。例如对于一辆豪华轿车而言:

手工高级座椅——这是产品特色。

在所有气候条件下都能够享受奢华舒适——这是给消费者带来的好处。

特色是属性,好处则是消费者从属性中能够获得的东西,正是这些好处诱惑消费者掏钱埋单。

来看宜家这则日常促销广告,是如何在广告中填满好处,用"利益利益,还是利益"的法则来打动消费者的。

标题:更低价格。

这张小宣传页用了近一半的面积,仅仅打上四个字:更低价格。

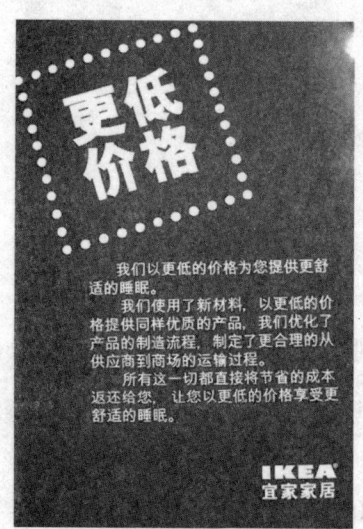

简明扼要,充满诱惑,直接抓住消费者的眼球。

文案部分:解释"更低价格"的原因。没有一句废话,也没有华丽的辞藻,就像一个没有读过书的人在和你说话。

结语部分:所有这一切都直接将节省的成本返还给您,让您以更低的价格享受更舒适的睡眠。

消费者买的不是床,而是舒适

的睡眠。与其强调产品功能、特点，不如强调利益、好处！不要一味吹嘘自己，要针对消费者，给出解决方案。

另外值得称道的一点是，整个广告单页，只有两色，红底白字，不花哨，而且无论标题还是正文都比我们常规的字号要大，让视力不好的人也能看清。

标题：我们为什么要减价处理床架和床垫？

正文：解释说明。

商家降价促销活动很多，而且虚假降价的情况并不少见，消费者对各种降价促销既感到麻木，也有所怀疑。针对这一现状，宜家针对这次促销写了一则详尽而诚恳的说明，看看这张平面广告的文案，理由充分，不容怀疑，加上限时限量的策略，足够让人心动。

标题：春天到了，该换被子啦！

副标题：春季推荐使用宜家 3—4 暖度的被子

正文：你感觉暖烘烘的一夜也许对别人来说冷冰冰。您感觉超完美的枕头也许对别人的脖子就受不了，这就是我们设计如此多系列被子的原因，一切都为您特别打造！

麦萨被子有 1—6 的暖度供您选择。每种暖度的被子都有不同的

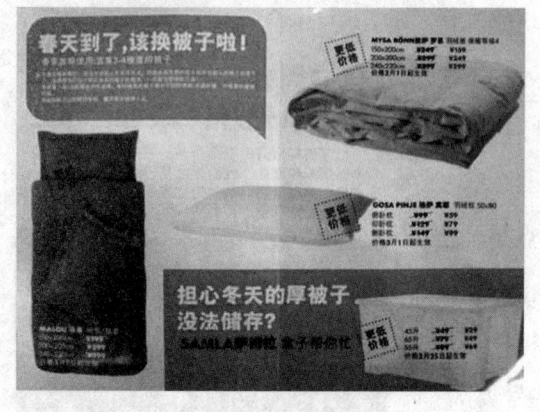

填料——合成纤维、纤维素纤维和羽绒。

适合的被子让您睡得香甜，醒来感觉精神十足。

广告就是洗脑，在看到这则广告之前，你知道被子"暖度"的概念吗？但读过这篇文案之后，你是不是会对被子的暖度，枕头的高度，床上用品的材质更加在意了呢？

下面还有个标题：担心冬天的厚被子没法储存？萨姆拉盒子帮你忙。

你忽略的，没想到的，宜家都为你想到了。

人们在阅读一则广告时，会有意识地思考：WIIFM？（What's In It For Me）——我能从中得到什么？也就是说，人们不关心你的新设备，除非能够带给他们什么好处，人们不关心你几周年庆典，除非他们能够享受庆典带来的折扣和减价优惠。

在你的广告中塞满各种好处，而不是各种特色，要告诉你的潜在消费者他们会得到什么、怎样获得、他们的生活将怎样得以改善，回答他们一直试图弄清楚的 WIIFM，消费者自然会用购买行动来回应你。

第四章
兜售参与感，让用户在场介入

用户在场:"参与式"消费时代到来

这是英国 Women's Aid 最新的防家暴公益广告,因其独特巧妙的创意,在互联网上迅速传播。

呼吁更多人关注家暴问题,是反家暴公益广告的共同主题,这则广告也不例外,来看它的宣传语:

If you see it, you can change it. 如果你能看见,你就能改变。

这是在提醒人们,不要对身边家庭中的家庭暴力问题司空见惯,视而不见。

如果这则广告仅仅使用一张受伤女人的脸部照片,其实也已足够引人注目。但在互联网时代,独特、有趣并且耐人寻味的广告创意必不可少,否则广告很难实现爆发式、病毒式的传播。

这则广告的独特创意在于运用现代电子屏技术,让每一个看到广告的人都成为广告的主角:屏幕上设置了自动人脸识别功能,当有路人经过,看到广告牌上鼻青脸肿的女人时,女人脸上的伤就会愈合,如果没有人看见,她就会像这样一直鼻青脸肿下去。

试想,在你的注视下,亲眼看到女人脸上的伤痕褪去,这是一个多么走心的过程。

互动体验是什么?四个字:用户在场。

小米科技联合创始人黎万强说过,今天不是单纯卖产品的时代,卖什么呢?参与感。这种参与感也许是用户拿起手机、动动手指,也许是注视广告牌上的女人,亲眼见证她的伤痕痊愈,或者仅仅在脑子里完成一种想象。

早期,市场上占主导地位的是功能式消费,人们为了满足功能性的需求而消费。随着社会发展,广告行业崛起,品牌成了商品市场的核心因素。而体验式消费时代的到来,又使得品牌不再是消费理念的核心。在互联网和移动互联网时代,取代体验式消费成为市场核心的则是:参与式消费。

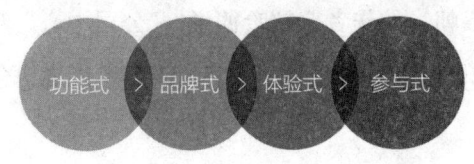

这意味着消费需求发生了一次很重要的变迁——消费需求超出了产品本身，不仅再局限于产品的物化属性，更多延伸向了社会属性：买东西能让我参与到什么样的新体验进程中去。

这一变迁有两个明显特点：

1. 传播主体中心化趋势日益明显，媒体不再是唯一的信息制造者和传播者。

在Web2.0的世界中，网络媒体更像是一个信息支持平台和人气聚合平台，消费者已经不再是传播的终点，他们成为传播过程中的节点，从一定意义上来讲，每一个消费者都是一个自媒体平台。因此，广告创意的出发点应该考虑消费者的参与，消费者既接受各种信息，同时也在制造信息和向各方传播信息。

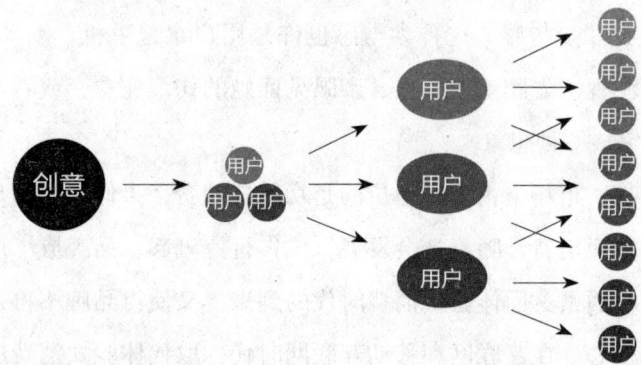

2. 消费者正在凭借自己独一无二的特性创造巨大的价值。

《消费者王朝》的作者普拉哈德说，"公司中心"型创新方式已经消亡，庞大的用户群体远比一个公司团体所能发挥的传播价值和创造价值更大。

在营销 2.0 时代，任何产品如果简单地按照自己的推断去满足消费者体验，都意味着冒险和错误。一个产品或者品牌要想得到消费者的认同，最好的办法就是让他们参与品牌建设，让他们主动提供自己的想法和做法。

任何一个广告创意，目的都是打动目标受众，而广告的互动性设计往往能达到用户在场介入的效果，从而促使他们完成行动。

比如下面这则手表广告：

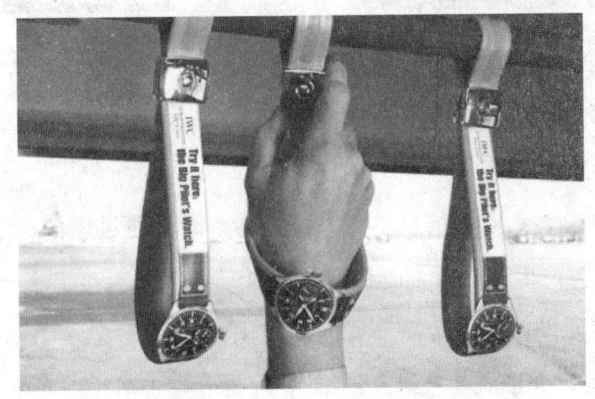

将公交车吊环换成手表的样子，让人产生"戴手表"的假想行为，很精彩的创意。

这是一种被称为"互动实验模板"的广告创意模板，即促使消费者根据广告的描述，完成一个行动，或者促使消费者想象完成行动的情景。

如去屑洗发水广告，模特使用一张黑色的试纸贴在头皮上检查是否有头屑,这会让消费者看到后产生类似的行为或想象,从而对头屑问题更加敏感。

总结一下"互动式"广告的特点:

1. 参与性:体验经济时代,用户在广告中获取亲身感受,体验到参与的乐趣。

2. 娱乐性:广告信息不再直接描述,而是通过比拟、象征和夸张等手法,产生诙谐与荒诞相容的心理。

3. 多元性:广告传播环境的多样化(玻璃幕墙、车体、普通地面),广告媒介形式(三维、四维)、广告表现手法(声光电)。

怎样做出有"参与感"的互动广告?

1. 创意与产品包装相结合;

2. 创意融合周边环境;

3. 利用新技术,如智能设备、移动互联网等。

互动式广告的优势在于:

能够使广告跟用户产生互动,这种互动首先是行动上的亲身参与和亲密接触，之后从思想上产生影响，最后会给用户留下深刻的记忆。

能不说就不说，用交互代替文案

互联网产品经常强调一个概念——用户体验，有的互联网公司甚至专门设立一个职位，叫用户体验官。那么，什么是用户体验？

根据马斯洛需求层次理论，人的需求由低层次到高层次可分为：

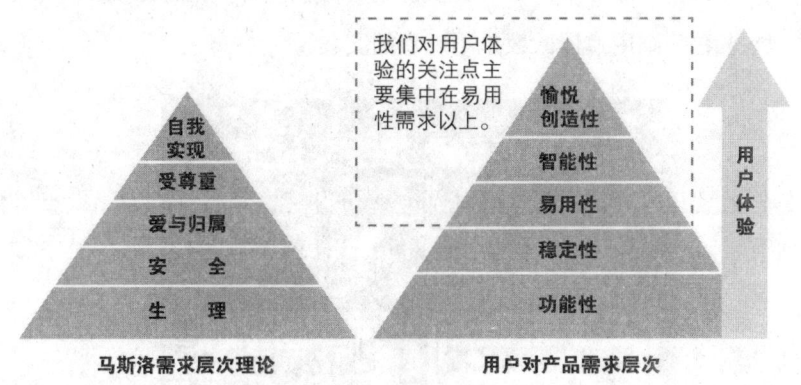

马斯洛需求层次理论　　用户对产品需求层次

1. 生理需求
2. 安全需求
3. 爱和归属
4. 尊重
5. 自我实现

而站在用户体验的角度,这些需求也可以分为五类:

1. 功能性需求

2. 稳定性需求

3. 易用性需求

4. 智能性需求

5. 愉悦、创造性需求

从本质上来说,产品的用户体验就是不断满足人们需求,让一切变得更加简单、方便的过程。

那么,产品文案需不需要重视用户体验?答案是肯定的。

来看一则用户体验效果不理想的文案:

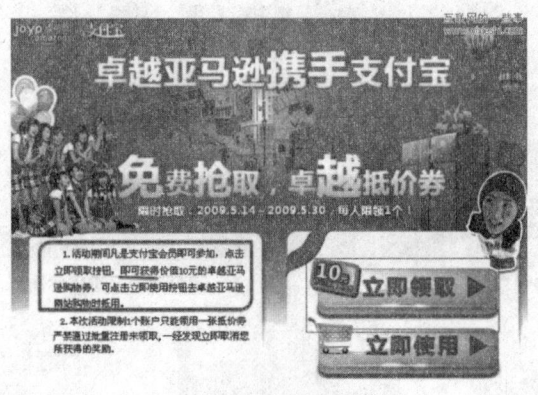

看这则文案,大部分用户都不会逐字逐句去读,而是在迅速浏览下得到几个关键词:免费,即可获得,10元,立即领取。

立即领取的按钮设计得非常醒目,重点突出,这对用户而言是很好的指引。可惜,这则广告在交互设计上存在缺陷,直接点击

"立即领取"而又没有登陆或注册的用户，将会进入一个"没有资格领取"的界面。

问题在于这个免费领取的活动规定了只有会员才可参加，而这个限制条件却没有被醒目地标注出来，而且网页后台也没有做出相应的优化，导致很多用户得到一个非常糟糕的用户体验。

具备良好用户体验的文案是什么样的呢？

淘宝 UED 官方博客曾就"产品文案"和"产品交互"之间的关系，总结出产品文案撰写的一大原则：能不说就不说，用交互代替文案。

由于来取款的人经常遗失随身物品，工作人员需要贴一张告示来提醒人们。

站在用户体验的角度，你认为这张告示的文案如何撰写才能达到目的？亲切友好的文风？还是别出心裁的字体？抑或画一幅搞笑漫画？

慢着,根据"能不说就不说"的原则,在思考用文案解决问题之前,请先考虑交互设计。

这台取款机整体采用斜面设计,包括下面给人放东西的小台子。这看似不合理,实际是一种很巧妙的交互设计。当你取款时,可以将手头的东西放在小台子上,此时有身体挡住,就算是斜面也不会掉下来,而当你离开时,台上的东西就会自然滑落。

用交互设计代替文案,不需要一个字提醒,就可以使客户百分百避免遗失随身物品。

再举淘宝厕所的例子:

同样是为避免离开时遗失随身物品,起初,行政人员贴上醒目温馨的提示,但收效不大。最终的解决办法是:将放置小物品的架子从侧面移至正面,而且置于门锁旁边。可以想象到,任何人要开门离开,都会看到门锁旁边的物品。这样的交互设计,效果绝对好过文案。

当然，这并不是说文案本身一无是处，而是说，好的文案，需要有良好的交互体验来支撑。比如美国金门大桥危机咨询电话文案。

这个文案的优秀之处在于：

1.不仅局限于解释这个功能，而且能够着眼于真实使用情境，使之与特定的受众之间产生临场互动：强调功能，阻止自杀的错误行动，同时明确给予出口，鼓励人们拿起电话求助。

2.文案按照资源位的重要性分为清晰的、具备指导力的三个层次：表层只推广→主体再提示→后台给出细节。

为了提醒员工厕所不可以吸烟，行政贴出了通知。但这则通知文案的缺陷在于：字数太多，重点不明确，语气容易引起烟民的反感，而且没有给烟民留下解决办法。

如何修改呢？三个步骤：分段、断句→减量、情感→给出口。

具体就是，能不说就不说，能少说就少说，要么用交互代替文

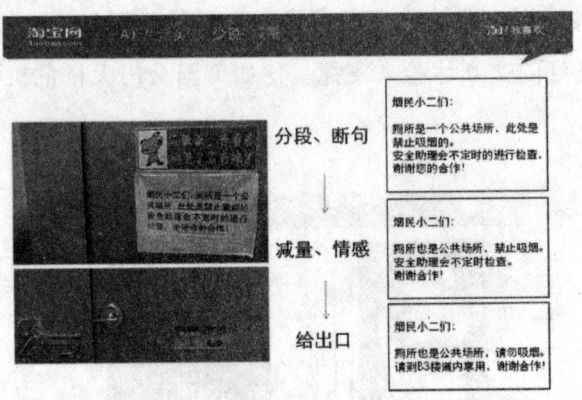

案,不能代替就在文案里直接给出解决方案。

马尔科姆·格拉德威尔在著作《引爆点》中提到一个案例:

社会心理学家霍华德·莱文瑟想知道自己有没有能力说服一组耶鲁大学的学生去注射破伤风疫苗。在第一次实验中,他分发了一本小册子,以夸张的语言解释了破伤风的危险性和打预防针的重要性,并配以非常恐怖的破伤风患者照片。

但是一个月后,只有3%的学生去校医院接受了疫苗注射。于是第二次实验中,莱文瑟在小册子上附了一张校园地图,他在校医院大楼处画了一个圈,列出了打预防针的具体时间安排。结果,去接受注射的比例升至28%。

毫无疑问,看过小册子的学生都明白破伤风的害处,但促使他们行动的,不是这些恐怖的信息,而是一张地图和时间安排表,详尽地建议他们把注射疫苗一事合理地安排进自己的生活。

交互体验说到底是一种想象中的互动,即假设用户在场,文案应该如何撰写和设计，以便更有效地引导用户行动。

那么，如何通过交互来引导用户？有几个简单的要点可以参照：

1. 引导用户的视线；
2. 使用颜色来吸引用户注意；
3. 有人情味的友好的交互文本；
4. 注意功能简化，避免烦琐。

总之，当一则广告从单方面的诉求和传播转变为一种设计优良的交互体验时，它就会让人难忘，并且让人照做。

从"客户"到"用户"，三个战术塑造参与感

在过去，我们经常看到的企业和用户之间的关系，要么是企业给用户下跪，用户是上帝，只要你肯掏钱买我们的东西，你想怎样都行；要么是企业高高在上，让用户下跪，反正我们的产品最好，你爱买不买。

说得准确些，这不算"用户"，顶多只能算"客户"。彼此保持距离，消费行为发生后，企业和"客户"之间的关系也就没了，"客户"也很难对品牌或产品发自内心地去热爱和维护。

到了以社群、圈层连接为核心的的互联网时代，这样的"客户"关系是很难维持的。

首先，传播节点和传播效率的最大化，使得任何信息都能够迅速扩散，其中当然也包括对品牌不利的信息。如果用户对你有意见，

他不会再拨打你的售后电话,而是直接在网络上发表看法。

其次,没有口碑,意味着很难得到社群力量。如果不能让尽可能多的用户对你的品牌或者产品产生使用黏性或者情感认同,那么你就很难利用口碑和社群实现品牌的裂变式传播。

再次,以前的品牌和客户关系是"弱连接",而在一个连接的时代,"弱连接"等于"无连接"。

如何让用户产生黏性?小米提出了一个观点:

和用户交朋友,和用户一起玩!

和用户如朋友般一起玩、讨论产品,通过各个社交平台进行沟通,这个过程本身就是需求收集,就是产品传播。

在互联网这个平台,每一个人,每一个IP地址,每一个移动客户端,都是传播的渠道。所以互联网传播的本质是口碑为王。好的口碑是什么?就是要让作为用户的个人,主动夸你的产品,主动向身边的人推荐。

口碑传播类似动力系统有三个核心,即"口碑的铁三角":发动机、加速器和关系链。

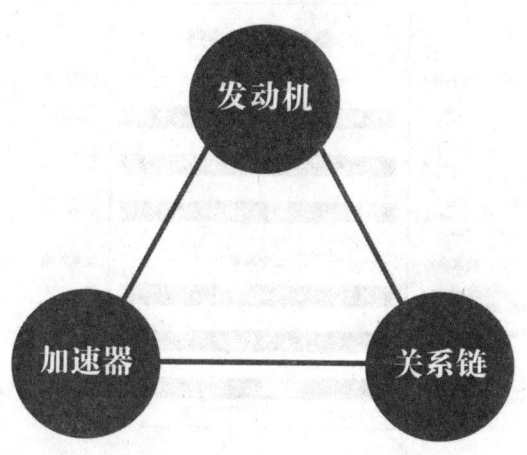

发动机:产品
加速器:社会化媒体
关系链:用户关系

产品是基础中的基础,社会化媒体是口碑传播的加速器,而用户关系才是口碑的本质。所以在有一个好的产品的前提下,最根本的问题在于,千千万万的用户,为什么要认可你的产品?为什么要主动帮你传播?

这就是和用户成为朋友,和用户一起玩的最大意义所在:社交网络的建立是基于人与人之间的信任关系,信息的流动是信任的传递。企业建立的用户关系信任度越高,口碑传播越广。

怎么和用户一起玩?总的来讲,就是要塑造参与感。

具体来讲,可分为三个战略和三个战术。

这里仅就战术来展开。

战术一,开放参与节点。

这里的节点包括产品设计、服务、品牌打造、营销、传播等等,也就是说,在做一个品牌或者产品的过程中,所有节点都可以开放给用户来参与。参与的过程,就是口碑形成和以用户为渠道传播的过程。

在此仅就品牌营销和传播而言,如何在这一环节制造参与感呢?

1. 开放社交平台鼓励参与

比如杜蕾斯微博就设置了一个粉丝互动栏目,叫"最粉丝",由官方提问,粉丝来回答,每次挑出最出彩的一个回答在官微展示,并赠送产品。

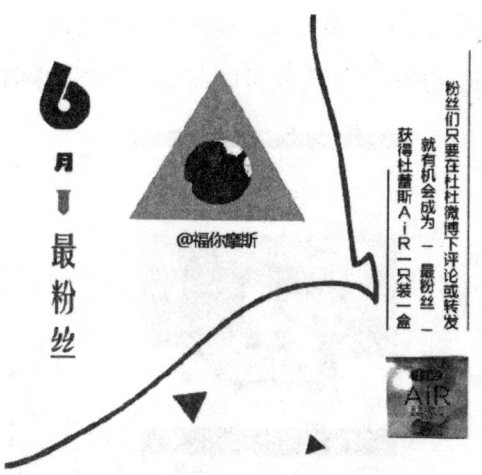

很简单的参与机制,每次都能吸引大批粉丝参与,算是杜蕾斯的一个招牌互动话题。

2. 开放应用场景参与入口

比如百度世界杯期间在移动端推出的"世界杯刷脸吃饭"活动。

消费者只需用手机百度自拍一张照片，系统便会自动识别打分，并根据分数赠送相应的优惠券，可以在百度外卖下单时直接使用。

战术二，设计互动方式。

遵循"简单、获益、有趣和真实"的设计思路来设计互动方式。如香港大众汽车在电影院的一次互动营销：

香港大众汽车包下了电影院影片开播前的广告位，一开始屏幕上是一段第一视觉的汽车前进画面，司机正在悠闲地开着车，这时商家用LBS技术推送短信给现场观众。观众听到短信提示音后，纷纷拿起手机查看，正在这时，电影屏幕中的汽车便发生了事故。在最后的画面中，屏幕出现一段文案："玩手机是当前交通事故的主要发生原因，珍惜生命，勿玩手机。"

运用技术手段加入的互动环节，比起单纯让观众观看广告视频和文案，更能带来真实感和震撼感。

战术三，扩散口碑事件。

简单来说，就是把基于互动产生的内容做成话题，变成可传播的事件，让口碑产生裂变，吸引更多人来参与。

扩散的途径，一般有两种。

一是直接利用产品植入鼓励用户分享的机制。

比如可口可乐歌词瓶：

消费者通过扫描瓶上的二维码,可以观看小段音乐动画,并在社交平台上分享,直接通过瓶上的歌词或音乐来表达自己的心情。

第二种扩散方式,是发现话题,做深度事件营销。

如支付宝晒十年账单的活动:

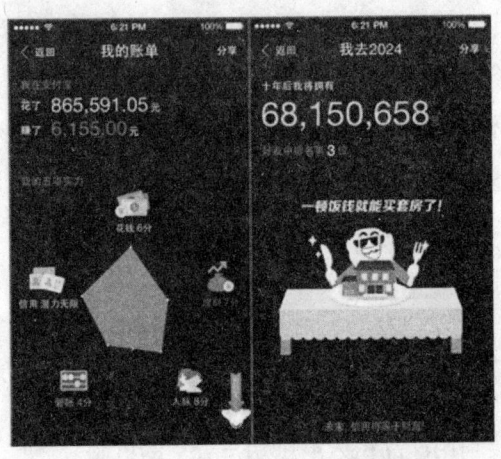

和历年的支付宝账单不同的是,本次支付宝对账单推出新功能"我去2024",可以通过统计用户过往十年的花钱能力、理财能力、人脉实力、信用能力、管钱能力等几项指标,得出个人的2024财富预测值。虽然只是娱乐,但可以看作对个人信用和理财能力、消费能力另一维度的评估。

支付宝十年账单上线后,出于炫耀、出于怀旧、出于对过去的回顾等种种动机,网友争先恐后在微博、微信等社交平台上晒出自己的账单。支付宝方面则根据后台数据做了些有趣的统计,比如哪些地方最土豪,哪些地方最黑马,等等,把十年账单的大数据掏了个底朝天,二次传播也做到了极致。

这一事件传播带来的口碑裂变无疑是巨大的,那么,为什么有这么多人愿意分享账单呢?

因为这个活动在互动环节很好地掐准了朋友与朋友之间的隐性比较心理;对支付宝搭载工具的功能描述文案,俏皮又不失格调,非常讨喜。如:

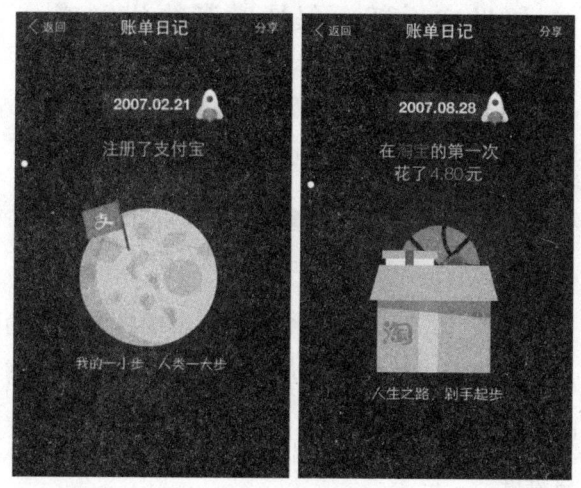

参与感的顶点是让用户走上舞台,成为明星。因为炫耀与存在感,是后工业时代和数字时代交融期,互联网上最显性的群体意识特征。

互联网时代的年轻人,有着天然的"在场介入"的心理需求,以及"影响世界"的热情。如内容型UGC(用户产生内容)模式产品的走红,以及动漫文化圈著名的"B站"(哔哩哔哩)受热捧,都是典型的现象。

活跃在互联网上的年轻人早已不满足于被动接受,他们希望发声,比起单纯地看节目,他们更希望就节目发表自己的观点。因此,要吸引他们的注意力,得到他们的认同,最好的办法就是先认同他们,将他们推到台前,让他们来当主角、当明星——而这正是塑造"参与感"的价值所在。

和用户说话,保持满满的代入感

现代营销学之父科特勒先生提出了著名的4P理论:产品、价格、渠道、促销。这是所有营销分支理论的基本框架。

而在移动互联网时代,这个著名的4P理论的外延正在被改写:

1. 产品维度

过去工业时代,产品是流水线生产出来的具有实体的商品,而互联网产品是虚拟产品,在移动互联网平台上,虚拟产品更是具体化为虚拟场景和解决方案。

2. 价格维度

互联网改写了获取产品和服务的价格维度,在很多时候,分享即获取,同时包含用户的分享成本和信任溢价。

3. 渠道维度

在互联网时代,跨界即连接,用户即渠道。

4. 促销维度

流行即流量,场景引爆品牌。

移动互联网给出了一个前所未有的机会,可以把人和一切、供给和需求,建起无限的连接,而这种连接是以人为中心,以用户为中心的,在有需要时可以随时被激活。

心理学家斯坦利·米尔格莱姆(Stanley Milgram)为了研究人们是如何联系的,曾经做过一个实验,最终得出了著名的"六步分离法则"(six degrees of separation),即在随机抽选出的两个人之间,最多只需要六步就能够联系上。

这是上个世纪60年代的研究成果,如今人们在互联网上的联系越来越紧密,每一个用户都可能是一个能量巨大的传播节点。因此,企业获取用户、维护用户,以及获取影响力的渠道,都在发生深刻的变革。

互联网的核心精神之一,是分享思维。闭门造车,酒香不怕巷子深的传统做法,早已行不通,只有被用户分享出去的资源和信息才能产生价值,只有分享才能经由一个个用户,进一步营造出几何增长式的分享,形成爆发式传播效应。

当分享的主体、渠道和传播的主体不再是企业和第三方广告中介,而是用户时,那么对用户的认知就应该被提升到一个新的高度。

如何调整企业、产品、传播和用户之间的沟通姿态和方式,如何最大限度的调动用户的参与欲和分享欲,这应该成为产品营销、广告创意最重要的课题之一。

对于一个品牌来说,需要经营三个维度:

1. 知名度——多少用户知道你。

2. 美誉度——用户对你有了好感。

3. 忠诚度——你已在用户心里，他会为你锦上添花，更会为你雪中送炭。

一般来说，具备忠诚度的用户，才能成为品牌的"粉丝"，现在很多人说"粉丝效应"，具备忠诚度的粉丝所能带来的效应毋庸赘言，问题是如何将用户发展成抱团的粉丝。

一个重要的方式是，在早期，一定要先找出核心目标用户，和这一小部分用户频繁互动，发酵参与感。

《引爆点》中有一个广为人知的观点，即引爆流行潮的三法则之一，个人人物法则的三类重要人物分别是：

1. 联系员
2. 内行

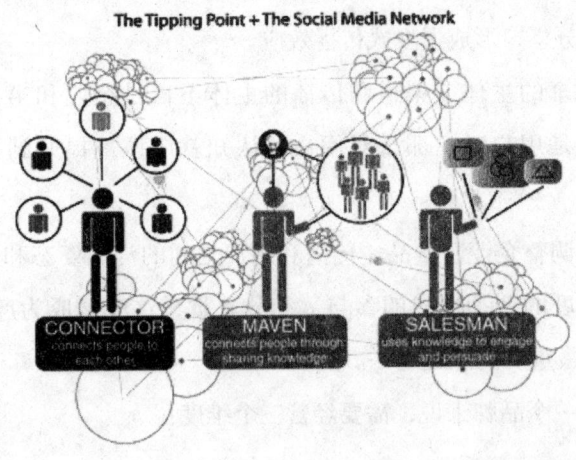

3. 推销员

将一个信息广泛传播出去，并且引爆流行的人物节点，通常是这三类人。

在去中心化的互联网时代，流行潮的发生仍然遵循这个法则，只是和现实世界基于地理位置或者人际关系的人群聚集方式不同，在互联网上，更多的是基于兴趣的族群聚集。

花大力气维护核心目标用户的目的，就是维护好这三类传播的关键节点。

对任何一个互联网时代的企业来说，以用户为中心的观念都应当深深植入内心。产品的任何宣传手段、任何文案，都需要保持用户满满的代入感。

比如小米的电视广告，它是在小米有了数千万用户之后才出现的，它的目的当然是打知名度，但看起来更像是与忠实粉丝之间的一种心照不宣的互动，因为这个长达1分钟、在春晚前黄金时段播出的广告中，并未出现小米任何产品的身影，它并不是在为产品代言，而是为用户、为小米所有的粉丝代言，可以说将"用户思维""粉丝效应"实践到了极致。

具体来讲，文案面对用户保持代入感，有三种方法。

1. 让用户当"明星"

就像小米的电视广告一样，不提产品，而是将用户推向台前，让他们当一回聚光灯下的"明星"，满足了用户，也就相当于为自己带来了流量和口碑。

2. 场景还原

这个方法要求对用户有足够的洞察,通过场景(人生的回忆场景或者具体的生活场景)还原的手法,激起用户共鸣。

3. 情感诉求

人是感情的动物,要将"用户"变成具有黏性的"粉丝",诉诸感情是必要的方式。

【案例】乐高"抠门"广告：把文案从阅读变成深度想象

很多人一提到广告文案，就会想起一些常规性的法则，例如短得令人尖叫、通俗、接地气等等，或者想要学习如何像诚品书店那样把一则长文案写得妙笔生花。实际上，文案并不一定要遵循短或者长的规则，甚至，文案不一定要拿来给用户阅读，它也可以变成一种暗示，或者变成用户脑中无限的想象。

看看乐高的这组平面广告：

文案和设计都太"偷懒"了。文案只有一个词：Imagine——想象一下。视觉更是省事，随便画个鱼缸，丢一小块乐高积木上去：嘿，这是鱼，你想象一下。再画只笼子，丢一小块上去：嘿，这是鸟，你想象一下。

但是，创意一目了然，文案堪称点睛之笔。爱玩，爱想象，这不正是乐高想让小朋友们做到的吗？

事实上，这种"偷懒"到只剩下符号的设计，正是乐高品牌的灵魂所在。

乐高曾经把最具想象力的产品和旅游胜地用乐高积木摆出来，从 Mini Cooper 汽车一直摆到大众汽车，每一个符号化的品牌都经过乐高积木组合成更具符号化的品牌。

六种 2×4 大小的乐高积木，可以创造出超过 9 亿种组合模型——正是这样的符号化产品特性和几乎无限组合的潜能，使得乐高在产品文案上也保持了符号化的灵魂。尽管这样的广告被人称为"史上最抠门的广告"，但其中所暗示出来的符号特性和巨大的使用性能，以及无限的想象性，正是乐高想要带给用户的最核心的信息。毫无疑问，它成功了。

第五章
字里行间情感化，感动人

感动的本质是"激发即刻认同"

主打亲情牌是很多广告"情感诉求"的方向。如别克汽车最近的一则 TVC 广告：

你说要好看，其实是要成为他们的骄傲；

你口口声声的安全，其实是因为所有重要的都在车上；

你强调动力，其实是想要跑赢时间；

你觉得安静很重要，其实是偶尔需要回到个人世界；

你说空间要大，其实是你喜欢一家人挤在一起；

你说储物要多，其实是要放下每个人的爱好；

我们懂你，懂你说的，懂你没说的。

每一种对车的要求,都对应一种情感上的需要。

文案不求真实,但求动人。就算这些并非每一位消费者的真实需求,也没关系,因为没有人会否认自己对家人的爱。

当然,不是所有主打"亲情牌"的广告都会打动人心,同为"亲情"广告,百合网的这则 TVC 就没有感动人,而是引来了万人抗议。

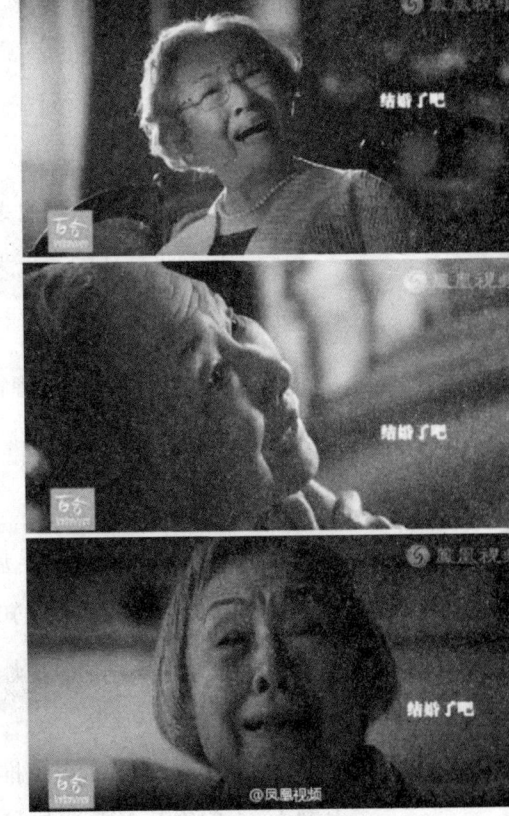

广告讲述了一个女孩与她外婆之间的故事。短片中,女主角回忆起,从大学时代开始,每次见到外婆,外婆都会殷切地问她:"结婚了吗?"岁月流逝,外婆逐渐变老,躺在病榻之上,关心的仍然是外孙女的终身大事。这让她歉疚,因此她发誓,为了外婆,一定要结婚。最终,在外婆的病床前,女主角穿着婚纱,含泪告诉外婆:"我结婚啦!"广告最后,以一句"因为爱,不等待"点题。

在一个"逼婚"成为大多数单身男女真实体验的时代,这则 TVC 的播出,引起了人们的极大反感。

2014 年 2 月 6 日,网友"柴

晋宁"在新浪微博发起了#万人抵制百合网#的微博活动，要求百合网删除该广告，并表示要"与道德绑架和陈腐婚恋观斗争到底！"。

尽管有广告人指出，这是一次完美的反向营销活动，不仅让百合网成为社交网络的热门话题，大大提升了知名度，而且在"相亲"已是刚需的婚恋市场，对这一核心卖点的宣传也有益于占据目标用户心智，从而拉动访问量和下载量的增长。但实际上，关于百合网的负面新闻也源源不断，更重要的是，在相当一部分目标用户心中，已经对这一品牌留下了"反感"的印象。印象一旦植入，就很难扭转，这对于一个品牌的良性发展，有着极大的负面影响。

从这两个例子可以总结出来，感动人心的要点之一在于认同。

社会心理学将"认同"分为两类：

一、自我认同

指个体对自我现况、生理特征、社会期待、以往经验、现实情境、未来希望、工作状态等各层面的觉知。

二、社会认同

个人拥有的关于自己所从属的群体，以及这个群体身份所伴随而来的情感和价值观的重要性知识。

当你的广告触发了人们的"自我认同（社会认同）"，那就一定会感动人。

2014年日本Recruit集团推出的一则宣传广告《人生不是一场马拉松》，在网络上大热，感动了无数人。

广告一开始,是一场漫长的马拉松,主角加入了这支队伍,开始奔跑。

旁白:"今天也继续跑着,每个人都是跑着,时间往前不停流逝,这是一场不能回头的马拉松比赛,跟对手竞争着,在时间洪流这条直路上跑着,想比别人跑得更快,相信前方有美好未来,相信一定有终点,人生是一场马拉松。"

跑着跑着,主角忽然回过头来说:"但真是如此吗?"

他开始反思：人生真是这回事吗？不对，人生不是一场马拉松。这比赛是谁定的？终点谁定的？该跑去哪才好？该往哪跑才对？有属于自己的路，自己的路？真的有吗？我不知道，我们还没看过的世界，大到无法想象。没错，偏离正轨吧，烦恼着，苦恼着，一直跑到最后。失败又怎样，绕点路也没差，也不用跟人比，路不只有一条，终点不止一个，有多少人就有多少可能，人生各自精彩，谁说人生是一场马拉松的？

能够感动人的文案，重点不在于是否诉诸情感（如常见的亲情、爱情、友情），也不一定要涉及情绪和感受，它是对人的"自我意识"的一种认同、颠覆，或者另辟蹊径的诠释。

这则广告之所以让无数人感动，是因为它否认了一代人从心底想要否认却无法真正挣脱的观念。

人生是一场马拉松，要赢在起跑线，要不停地奔跑，不能松懈，只有第一名才是成功——这是人们从小接受的社会教育。大多数人也是这么做的,所以大多数人都活得辛苦、疲惫、压力重重。而广告说的却是,"偏离正轨""绕点路也没差""不用跟人比""有多少人就有多少可能""人生各自精彩",直击痛点。

它戳中的不只是人心的痛点,也是一个时代的痛点。也就是说,它同时触及了人的"自我认同"和"社会认同"。

就广告文案而言,感动的本质就是"激发即刻认同"。

当你的广告让消费者产生"说得太对了""这就是我所想的""这就是我"或者"我都没想到,但是的确如此"的想法,那就是触及了他们的"自我意识",从而激发了"即刻认同"。

这种"即刻认同"既包含自我认同,也包含社会认同。

比如,当女人们看到女装品牌"维多利亚的秘密"(Victoria's Secret)的模特展示着诱人的身材和她们身上漂亮迷人的内衣时,让她们感动的不是广告片本身,而是她们对美丽和完美的向往,这种向往来源于"群体价值观",即社会认同范畴;同时,激发她们购买的动力也来源于她们的自我意识,即自我认同。

正如美国心理学家普拉卡尼斯和阿伦森在《宣传时代》中指出的那样:通过购买合适的东西,消费者可以增强自己的自我意识,合理消除自身的不足。

这里包括两个步骤:

1. 感动→触发自我认同(社会认同)→购买;

2. 购买→确证自我认同(社会认同)→消除自身不足。

当一则广告文案感动了你时,那必然是触发了你的自我意识。

而当你因为这种感动而采取购买行动时,动机往往来自确证自我意识,以及弥补自我的缺陷。

社会认同发挥作用的两个重要条件是:

不确定性——人们在困惑的时候,特别是形势模糊不清的时候,都希望看一看别人正在做什么,这个时候就很容易效仿他人的观念和行动;

相似性——与我们类似的人的行为对我们最有影响力,因此,我们更有可能效仿与我们相同,而不是与我们不同的人的行动。

在"反向"传达"相似性",激发认同方面,阿迪达斯的"太不巧"TVC做得更好:

他们说,"太粉了""太粗放""太放肆""太浮夸""太假""太快""太呆""太娘""太man""太完美""太幼稚""太狂热""太懒""太怪""太晚"……

"太××"这个句式,是不是很熟悉?小时候,你活泼,父母说你"太调皮";青春期时,穿个耳洞,周围的人都会说你"太叛逆";就连义无反顾追求梦想,都会有人说你

"太不切实际"。

周围的声音总是试图让你留在"正确"的轨道里,不要出格,不要过火,要像大多数人那样安全而稳当地活着。但是,正是那些"太傻""太执着""太狂热"的人,活出了独特的、只属于自己的光芒。

所以,面对指责和质疑,你只需要回一句:太不巧,这就是我。

认同感就在这时达到顶峰。

这种对消费者"自我意识"的穿透和洞察,其实也是出于对"从众效应"的运用。

人类是社会动物,有寻求归属感的强烈心理需要。所谓的"社会认同",其实也是向群体寻求归属感的表现。

从心理学上来讲,人的身边通常存在三种群体:

崇拜性群体——你希望加入的群体;

联合性群体——与你有相同理想和价值观的群体;

疏远性群体——你不想加入的群体。

在这两则 TVC 中,同时存在两个群体,即联合性群体和疏远性群体,用户认同的是和自己有着相同理想和价值观的年轻人群体,同时对那个充满说教和束缚的群体持排斥态度。

通常意义上,一则广告要感动人心,需要瞄准的是目标用户周围的"疏远性群体",即要针对"疏远性群体",说出用户的心声:这就是我!这就是我们!而我们不想与你们为伍!这是因为,反抗的意识会加深自我认同和社会认同感。

三种方式打造"情感化"文案

美国卡内基梅隆大学曾做过一项研究实验:研究人员请受试者们填写一份问卷,然后付给他们5美元的报酬(问卷的内容无关紧要,其目的仅在于让受试者手中有一定的现金,可以用来参与接下来的慈善捐款),和5美元一起送到受试者手中的,还有一封慈善募捐信。研究人员告诉他们,每个人都有机会捐出一部分钱给国际慈善组织"救助儿童会"。

受试者被分成两组,两组人拿到的是不同版本的募捐信,第一个版本使用的文字是这样的:

马拉维的食物短缺问题波及300多万名儿童。

赞比亚的严重干旱问题导致从2000年起玉米产量下跌42%。据估计,300万赞比亚人面临饥荒。

安哥拉共有400万国民(相当于全国人口总数的三分之一)被迫背井离乡。

埃塞俄比亚至少有1100万人迫切需要粮食援助。"

第二个版本则只提到一个小女孩。

"您的全部捐款将转交给罗基娅（Rokia）——非洲马里的一个7岁小女孩。罗基娅极度贫困，正面临严重饥饿，并有饿死的危险。您的慷慨相助将会改善她的生活。有了您和其他爱心人士的支持，'救助儿童会'将可以协助罗基娅的家人和社区成员，并为她提供食物、教育、基本医疗和卫生知识。"

结果，第一组受试者平均捐款仅有1.14美元，而读到罗基娅版本的第二组受试者平均捐了2.38美元，是第一组的两倍多。

我们可以简单地将这两个版本的募捐信概括为"理性诉求"和"情感诉求"。

从实验结果来看，人们更容易被情感诉求打动，从而采取更积极、有力的行动。但事情并非这么简单。接下来，实验还有后续，研究人员找到了第三组受试者，将两种版本的募捐信都给他们过目。研究人员设想，理性数据加上感性故事，这样的完美搭配或许能够让人捐得更多。然而，出乎意料的是，同时读到这两个版本的人们，平均捐款数额仅有1.43美元。

故事让人很慷慨地捐款，但当人们同时读到统计数据时，却捂紧了钱包。这是为什么呢？研究人员认为，统计数据会把人带入分析式的思维模式，人们一旦进入这个模式，就很难感情用事，对情感诉求的反应也会大大降低。

对罗基娅的苦难的情感反应使得人们慷慨解囊，这说明情感反应会激起人们的关心、在乎，更有效地促成行动。但是，一旦动用大脑，就会阻碍我们的情感和感受。

公益组织、慈善机构深谙这一"情感化"效应，因此在募捐宣传广告中，往往这么说，"您捐的钱物是给某一个正在受苦的孩子""是用来让您'领养'某一只动物"……没有人会告诉捐助者，因为机构的日常行政运营需要，请大家捐款。从理性角度，我们都知道慈善机构需要一定的运营费用，也知道捐款的一部分会用于组织运营，但从情感出发，谁愿意捐钱供机构购买办公用品？

因此，在一则广告中，信息的选择很重要，如果你的目的是打动人，让人产生关心、在乎，进而采取行动，那就不要将人们带入理性分析的思维模式。

如何从文案着手,与竞争对手制造"差异化"?

"情感化"文案是一个很好的选择。上页的下厨房首页文案,无论是图片中的"唯有美食和爱不可辜负""是谁来自山川湖海,却囿于昼夜、厨房与爱",还是其他"吃是最好的安慰""孤独的人都要吃饱饭""每时每刻,都有一道唤醒回忆的菜"……走的都是情感文艺路线。

不需要强调用户体验,网站设计,资源,它向用户传递的是感受。通常来讲,文案的作用有两个:

1. 传递信息;

2. 传递感受。

当你持续向用户传递某种感受时,它会形成很大的品牌能量。比如一提起万宝路,你就立刻能够记起那种感受:西部的粗犷男子气概。

下厨房的品牌气质也是从这句"唯有美食与爱不可辜负"的文案里持续传递出来。在同行之中,这是一个鲜明的品牌区隔。

"情感化"手法一般适用于行业同质化程度较高的产品或品牌,比如快消品、日用品、互联网品牌,当然,这并非绝对。应该强调的是,广告的"情感诉求"是一种手法和策略,它不是简单的煽情,而是对消费者情感和心理的洞察。

从策略上看,"情感化"文案的打造可以从这几个方面入手:

1. 抓住用户情感需求的"痛点"

一种产品,必然是能满足消费者某类或某些情感需求的,因此广告文案必须洞察消费者的需求，抓住其中的兴奋点来做文章。一旦触发了这一兴奋点，触动了消费者的情绪，那么满足需要的欲望和行为也将更强烈地出现。

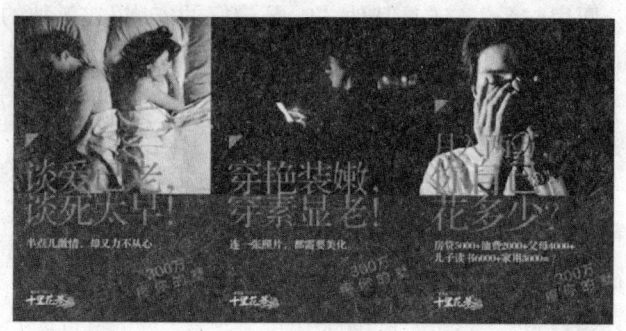

这是一组十里花巷地产的最新平面广告，产品 300 万别墅针对的目标用户群体是 40 岁左右的中年男人，广告文案针对这一人群，分别从爱情、个人形象、职场、前途、经济状况等种种方面，道出了陷入中年危机的这一群体的难言之痛。

这是对消费者情感需求的一走花姑娘洞察。这种情感，不一定是显性的，大多数时候它都是隐性的，而文案要做的就是说出目标消费者没有说出的话，戳中他们掩饰起来的那部分情感和心理需求。

精准的"情感"洞察能激发消费者的三重反应：

惊讶：啊！你怎么会知道！

共鸣：我也有这种感觉！

刮目相看：只有你懂我。

多芬有一则广告，曾经获得 2013 戛纳国际创意节钛狮全场大奖，靠的就是对女人内心情感的洞察。

他们找来美国肖像艺术家 Gil Zamora，并找到 7 位女性，让她们描述自己的外形，Gil 根据她们的描述画出画像 A。然后再找来 7 个陌生人，也来描述这 7 位女性，Gil 再根据陌生人的描述画出画像 B。

画像 A 的描述通常很灰暗，"我的脸颊很胖""我觉得自己鼻梁很塌"……

画像 B 的描述则很乐观，"她有一双迷人的眼睛""她的脸形很标致"……

从这些差距巨大的画像，我们可以发现，几乎每个女人都习惯于低估自己的外形。每个人都会觉得自己不够漂亮，不够完美，原

因在哪里？因为这个世界一直在鼓吹和贩卖美丽。在那些年轻、漂亮的模特和代言人面前，女人永远都觉得自己不够美。

所有的化妆品广告、整形、美容广告，都在告诉女人，你还可以更美。但多芬却把画像交给 7 位女士，告诉她们：

You are more beautiful than you think.

你比你所想象的更美。

而这时，这些女人的表情是这样的：

"惊讶，共鸣、刮目相看"的三重反应几乎在同时发生，最终融汇成暖心和感动。当一个品牌和消费者之间建立起深刻的情感共鸣，被消费者认定为"最懂他"的品牌时，成功也就成为理所当然的事。

所以，情感需求痛点怎么抓？

从产品出发，找出产品的情感诉求；

从用户出发，关联他们的情感和心理需求；

在广告中用充满情感的语言、形象，或背景气氛来描述这一需求。

2. 增加产品"情感附加值"

产品是一种物质,本身并不具备心理或情感功能,但通过广告文案的宣传,可以为这一物质性质的产品增加相应的情感或心理附加值。如:

安全套品牌一定要拿产品功能说事吗?看看杜蕾斯的情人节平面海报,只字不提产品,通篇都只与"爱情"有关。

再看哈根达斯的文案:

"爱她，就请她吃哈根达斯"，同样是诉诸"爱情"。

安全套、冰激凌，和爱情有关系吗？文案说有关系，那就有关系。

一件产品包含两个方面：

功能和质量——这是基础，满足的是用户的物质需求；

附加值——这是超值的部分，满足的是用户精神需求。

增加情感和心理附加值，就相当于满足消费者"超值"的需求。

同样是安全套，冰激凌，消费者为什么购买你的品牌？产品质量好，这只是一个方面，更重要的是，品牌是否具备情感上或心理上的附加价值。正如成功的男人会戴"劳力士"一样，物质层面的产品拥有了精神上的附加值，就会成为满足人们某种情感需求的"象征物"。

3. 利用"晕轮效应"

"晕轮效应"是社会心理学中的一个概念。

其含义是：一个人如果被公认为具有某种优点，往往也会被认为具有许多其他优点。比如，如果公众认为运动员或者演员在其专业领域是杰出的，那么他们往往也认为这些人具备许多不属于其专业方向的专长。

因此很多广告都会不惜重金邀请名人代言，受到公众认可的名人的喜好和行为，会直接影响到人们的喜好和行为。在心理学上，这是一种"自居作用"，人们通过与自己喜欢的名人购买和使用同样的产品，在心理上将名人身上的优点和他们所提倡的生活方式或价值观转移到自己身上。

这是很常见的广告手法,不做赘述。

值得一提的是另一种"晕轮效应",由产品自身产生:如果公众认为产品有某一种优点,那么它也易被认为同时具备另一些优点。例如某个产品体验非常出众,或者广告文案相当出色,公众会倾向于认为这个产品同时具备其他方面(如质量、服务、品牌力)的优点。

可以说,这是一种脱离了理性判断的"心理效应",情感化的文案可以充分利用这种效应,在目标消费者心中留下非理性的暗示。

2014年大热的褚橙,被冠以"励志橙"的名号,因其种植者是有着传奇人生经历的褚时健,所以它们也就不再是普通的水果。

从产品商家的角度来说:我们卖的不是橙子,而是一种"人生总有起落,精神终可传承"的精神内涵。

从消费者角度来说:我们买的不是橙子,而是你赋予它们的精神。

在预售期间,负责褚橙售卖的本来生活网推出一系列青春版个性化包装:

印有"母后,记得一颗给阿玛""虽然你很努力,但你的成功,主要靠天赋""谢谢你,让我站着把钱挣了""我很好,你也保重"等幽默温馨文案的包装箱,相当吸引眼球,推出没多久就在本来生活网上"售罄"。

"晕轮效应"在这里发挥了作用:如果一个老人这样用心地种橙子,一个电商网站这样用心地卖橙子(写文案、讲故事、设计包装),那么这种橙子(质量、味道、定价、服务等)必然是好的。

不一定要让人潸然泪下才是好的广告文案,好的"情感化"文案,是走心,让人在不知不觉中完成角色的置换、心理的代入,从而激发切实的购买行动。

文案要呈现"时代的真实感"

这是一个个人品味和价值观多元化的时代，信息和流行趋势的变化速度可谓惊人。从商业角度来考量，这种现象在某种意义上使得商家对消费者群体的把握变得越来越困难。在这种情况下，如果根据市场调查结果来做决策和创意，很快就会被时代甩在身后。

在瞬息万变的时代，广告文案要能够精准把握"时代的需求"，肤浅、平庸、哗众取宠的产品会让消费者很快厌烦，而被赋予内涵和真实感的产品才能抓住人们的心。

要抓住这种真实感，可以通过这几种方法：

1. 唤起最普遍的情感体验

无论人们的行为和个人爱好如何随着时代变化而变化，总有一些东西是不会变的，比如对童年回忆的眷恋，对家人的爱，等等。

香港愉景湾，是香港大屿山的一个楼盘，里面空气非常好，有海滩，有大量的绿化带，自成一景，像个世外桃源，吸引了很多外国人入住。但对于重视投资的香港人来说，由于这个楼盘位置很偏，升值潜力不大，使得营销很难做，尤其是在经济危机之后的低迷时期，对于目标消费者锁定在中上层家庭的愉景湾来说，形势并不乐观。

这时，愉景湾推出了一则电视广告，诉求点没有放在户型、环境和其他方面，而是放在"情感"上：童年是短暂的，现在就要给孩子最好的。

在电视广告"父子篇"里,爸爸们为孩子拍摄成长记录,旁白文案是一个爸爸写给孩子的信:

就在这几年,只是这几年,

多谢你,令我改变,

突然之间,我觉得自己好重要,

不知什么时候开始,我变得很中意笑,

有时好傻地想,真是不想你大得那么快,

不知道将来会怎样,

只知道今天,我要给你一个最好的童年。

愉景湾,海澄湖畔一段。

对于目标消费者而言,如果考虑房产投资、考虑经济形势,他们永远下不了决心,他们会想,再等一等吧,等到经济好转再说,但是,孩子的童年是等不了的。孩子转眼就长大了,现在不给孩子最好的,就来不及了。

这波广告播出后,一期住房,三个星期就卖完了,足见其打动人心的效果。

日本本田公司步威汽车广告,也运用了相同的手法,这款汽车打出的广告语是:跟孩子一起出去玩吧!海报和电视广告中描绘了坐着汽车奇遇恐龙和环游外太空等惊险刺激的冒险故事,唤起了人们对儿时梦想的美好回忆。结果,广告大获成功。

麒麟啤酒2008年的电视广告则选取了"父子情深"这一主题来表现酒在父亲和儿子这两个男子汉之间架起的温情沟通桥梁。关键之处在于这则电视广告采用了即兴表演的形式,让演员边喝啤酒边交谈,不规定台词,演员的真情流露,使得广告极具真实感,引来许多观众感叹:"好想父子俩再坐在一起喝啤酒啊。"

挖掘人们内心最真实的情感,将广告策划的核心定位于不随时代而改变的普遍情感体验上,这是引起普遍共鸣的一个重要手法。

2. 瞄准"时代病"

还记得动感地带那句火遍全国的口号吗?

"我的地盘,听我的",这句略带"黑社会气质"的口号当年红得发紫,俘获了全国几乎所有的学生粉丝。究其根源,是因为这句话抓住了整个群体和时代的痛点:由于时代变化和青春期导致的"焦虑"。

焦虑,是这个时代的关键词。新旧观念的交替,中西文化的碰撞,从传统时代到网络时代的裂变,每个人都在寻找自己的位置,也都迷茫于自己的位置,而其中首当其冲的群体就是正处于青春期的少男少女。他们的"焦虑"不一定比别的群体更严重,但一定比别的群体更不加掩饰。动感地带的文案诉求恰逢其时,它为青少年群体的"焦虑"找到了一个理想的出口。

每个时代都有它的"时代病"。洞察到这些,瞄准它们,你的文案就能打动人心。

不需要给出解决办法（通常也没有确切的解决办法），你只需要给一个情感的出口就够了。

美国某卫生巾品牌针对当下女性的"焦虑"，拍摄了一则名为"always like a girl"的广告片：

拍摄人员找来一些女孩（成年）和男孩（成人和小孩），给他们一些指令，比如"像女孩一样奔跑""像女孩一样打架""像女孩一样扔东西"，然后再找来一些未成年的小女孩，给她们同样的指令。

观众看到了其中的区别：小女孩们无一例外都在拼命奔跑，用力挥拳和扔东西，但成年男女（包括未成年的小男孩）的动作却都柔弱无力。

这则TVC试图探讨这样一些问题：像女孩一样做某件事，意味着什么？什么时候"像女孩一样"变成了一件很丢脸的事？为什么"像女孩一样"就会很弱？

最终，广告打出了这样的文案：

当多数女性品牌仍然在小心翼翼地宣扬"温柔敦厚""可爱美丽"的传统女性价值时，一句"让我们重新定义'像女孩一样'"，显得既振聋发聩，又温暖人心。

这个广告如果放在几十年前，或者一百年前，很可能不会让人如此感动，但放在今天这个时代，你会发现它像一把剑一样精准地插在了女性身份认同和现实"焦虑"的脉搏上。

人是时代的产物，文案的"情感化"内涵也必然有着时代的局限性，一百年前戳中时代脉搏的文案，今天再来看，很可能你都不知道它在说什么，但相应地，今天你能够抓住整个时代和人群的"痛点"，那你就能够抓住今天的市场。

3. "圈层领袖"：为群体代言

2014年7月，郭敬明执导的电影《小时代3》和韩寒电影处女作《后会无期》先后上映，成为一大话题热点。

尽管从票房和口碑上来讲，最终韩寒都完胜郭敬明，但这并不妨碍郭敬明在商业上的出色表现：从《小时代》第一部到第四部，他以惊人的势头斩获了与口碑极其不符的高票房收入。

从他的一番话，可以看出其成功的缘由：

"为什么看到很多大导演都有偶尔失手的时候，是因为中国电影市场观影群体正从上一代过渡到下一代。2009年的时候观影的年龄是25.7岁，但是到了2013年的时候已经变成21.7岁。21岁，就是一个大学生，而且是一个平均数字。如果还用上一代想法拍电影，那会出现问题的，因为越来越多的新观众加入了这个市场，但没有提供新的类型的影片给他们，所以他们还是看那些，但总会有一种饥渴。一旦这个时候有一个新的类型，符合年轻人的东西出来的时候，其实市场就会大起来。并不是说他们创造了这个，一直以来房间里面有一个巨大的空白，一旦有人勇敢地站出来做的时候，就会成功。"

总的来说，郭敬明《小时代》票房成功最重要的原因在于他抓住了一个新的消费群体，他们具备如下特征：

娱乐向生活无缝迁移；

类型化、圈层化；

信赖圈层内的符号品牌、趣味领袖；

没能占据话语权，但消费力惊人；

……………

郭敬明自己虽然是 80 后人，却成为 90 后群体的代言人，这得益于他对这个群体特征的精准把握。不讲情怀，不说大话，不关心社会问题，专注于个人和圈子，就连电影名都叫"小"时代，这一切都与他所代言的群体趣味和价值观不谋而合。

韩寒则是另一个群体的代言人：80 后。他和郭敬明一样，没有选择传统媒体或互联网媒体平台，而是以自己的微博为阵地进行电影宣传。郭敬明的电影一水儿的俊男美女，物质拜金主义不加掩饰，而韩寒的电影则主打情怀、文艺，营造的是一种渗透在 80 后骨子里的理想主义，以及这种理想主义在时代裂变中所遭遇的失落和困境。

看韩寒主笔的文案就知道，对于这个群体的心理和情感痛点，他几乎信手拈来。

小孩子才分对错,成年人只看利弊。　　你连世界都没观过,哪来的世界观。　　有时候,你想证明给一万个人看,到后来,你发现只得到了一个明白的人,那就够了。

听过很多道理,依然过不好这一生。　　既然大家都没本事,各走各路,这才是现实。　　连家乡都没有了,我们跟野人也没什么区别。

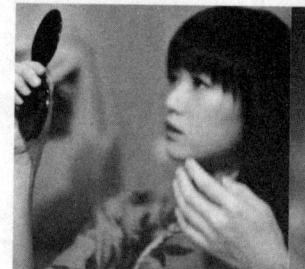 

我从小就是优,你让我怎么从良?　　有机会,我把我的故事都讲给你听。可惜没有这个机会了。

　　和《小时代》的华丽风完全不同,这些陆续发表在韩寒微博上的平面海报,一色的黑白风,配上一句似是而非的"文艺"台词,视觉上不抢眼,每一张却都能引发热议。

以 80 后为主的粉丝群，也具备一些共同点：

处于人生不上不下的尴尬期；

经历时代的转型期，亲历两种价值观的裂变；

岁月和时代造就失落感；

……

所以当韩寒这些碎片式的关于人生的领悟一出来，立刻就赢得共鸣，口耳相传。

文案承担"圈层领袖"的发声功能，为圈层内的群体代言，可以从以下几个方法入手：

理解某个圈层群体的价值观；

说出他们的困境；

表达共鸣；

提供抚慰；

给予情感出口。

让产品开口说话：品牌"人格化"的四个要点

著名财经作家吴晓波曾经在明道大会上发表题为"把世界交给 80 后"的主题演讲，对于未来的商业世界，他总结出四个趋势：

1. 一切商业都将互联网化；

2. 一切品牌都将人格化；

3. 一切消费都将娱乐化；

4. 一切流行都将城乡一体化。

其中"品牌人格化"这个趋势，已经在互联网上看到不少成功案例。比如杜蕾斯的社交媒体营销，褚橙的互联网励志营销，"罗辑思维"的个人品牌打造，等等。

如现代营销大师菲利普·科特勒所说："一个成功的人格化的品牌形象就是其最好的公关，能够促使顾客与消费者的关系更加密切，使消费者对品牌以及其内在文化的感情逐渐加深。最终，品牌在消费者心中的形象，已经不仅仅是一个产品，而渐渐演变成了一个形象丰满的人，甚至拥有自己的形象、个性、气质、文化内涵。"

试想，我们是容易对一个无生命的物品，还是更容易对一个"形象丰满、性格鲜明"的"人"动用感情，并保持忠诚度？如果你喜欢上了微博上逗趣、风度翩翩、有一点小坏心、时不时掉一掉节操的"杜杜"，很难想象在购买这种产品时你会选择其他品牌。

品牌人格化并非从互联网时代开始，比如传统汽车行业，在这方面就做得比较好。

在汽车消费市场，我们看到奔驰深受成功人士喜欢，而高级知识分子一般就不会买；宝马的消费群体趋向年轻化，政府官员通常也不会买。这是因为这些汽车品牌一直致力于塑造品牌的"人格"，使得人们在购买汽车（功能）的同时，已经习惯于考虑汽车的"人格化"品牌个性：它是自由的、年轻的，还是稳重的、保守的？它的性格、形象和气质是否和我的身份相符？

但是，大多数品牌都没有做到"人格化"，事实上，它们也无须做到这一点。过去，只要抓准消费群体和产品定位，在电视、杂志、报纸等媒体全国连续轰炸，就能创造一个品牌神话。但这一切在互联网时代都行不通了，原因有三：

第一，信息易获取，使得品牌辨识度越来越低。

第二，社交媒体改变了信息的交流方式。

品牌从高高在上的点对面的传播模式，变成了点对点的传播，在社交媒体上，一个品牌就是一个人格标签。

第三，随着传播载体的改变，传播语境发生了改变。

变得更加以人为本，更加拟人化。

这一切都使得品牌人格化变得越来越重要。那么，如何来构建一个品牌的"人格化"特征？以下几点可供参考：

1. 塑造品牌"可沟通性"

著名商业演说家斯科特·麦克凯恩在其著作《商业秀》里提到用户最希望从企业身上得到的七种"东西"，其中第一种就是企业的"可沟通性"。

今天的社会化媒体时代，沟通等待时间大幅减少，沟通成本大幅降低，其结果是可沟通人群的极大充实。作为品牌，在用户与你可沟通的各个触点，都需要让他们感觉到你是一个可沟通、好沟通的对象，这对品牌人格化的塑造非常重要。

塑造品牌的"可沟通性"，简单来讲，就是让你的产品像人一样，开口说话！

被称为"汽车中的'杜蕾斯'"的MINI文案也在"人格化"方面玩得很嗨：

在这几则"第一人称"的文案中，在MINI"开口"说出的话中，一眼就能看出来品牌的性格：不正经。

就像同样"不正经"的杜蕾斯一样，它们致力于塑造的是品牌可亲近、可沟通、甚至娱乐化的特质，在整体偏年轻化的网络用户中，这样的调调当然很受欢迎。

这其中的关键在于"人格"的塑造。

首先，要知道目标用户是谁。

知道他们会喜欢什么样的人，和什么样的人交朋友，欣赏什么样的人，然后结合产品特性，塑造出具备用户喜欢的特质的"品牌人格"。确保文案的每一句话，都是具备某种"人格"的产品会说的话。如MINI，它的品牌人格是很有个性、很酷，所以它的文案一定是"不正经"的，不可能玩心灵鸡汤，讲大道理，也不会试图去灌输什么。

其次，真正的"可沟通性"，一定是建立在欣赏和认同的基础上的。

就像我们不会和一个不理解不认同我们、价值观和我们截然不同的人深入交流沟通一样,网络时代的消费者,也厌倦于乏味空洞的品牌沟通,不会轻易对一个没有真正了解他们的品牌产生沟通欲望。

2. 创造与用户的情感联系

这一点很好理解,品牌"人格化",归根结底是从情感上打动用户。就像我们会更愿意使用朋友或者我们喜欢和认同的人推荐的产品一样,假如我们更喜欢某个"人格化"品牌的性格、气质,或者更进一步,假如和某个"人格化"品牌成为朋友,那么在购买时就会更倾向于选择这个品牌。

《单身教我的7件事》是台湾7-11推出的系列广告短片,七个短片围绕"单身"这个词,讲述不同人的单身状态。

《好好活着》是这个系列短片的第一集:

这个短片由真实故事改编，讲述一个失去了妻子的男人，不愿意接受现实，仍然维持着妻子生前的习惯生活，甚至每天去便利店帮妻子买卫生用品。故事的结尾，男人终于开始出发去旅行，决定走出阴影，好好活着。

来看看这一系列广告短片的主题，如何建立起和用户的情感联系：

首先，提炼目标受众标签。

这则广告很鲜明地锁定了目标受众的标签之一：单身。

其次，围绕标签来讲故事。

7个故事，从不同角度围绕"单身"展开，囊括各种单身人群。

再次，打造治愈体验。

在这个单身人群自称"单身狗"的年代，"520"、"521"、"双11"、情人节、七夕节、圣诞节全都不可避免地成为一场全民购物和"秀恩爱"的狂欢节，当爱情与商业共谋，单身就成了一种尴尬的生存状态。

7-11在这时站了出来，诉说"单身教给我的7件事"，用饱含温情的故事告诉人们：单身不仅仅是一种没有爱情的状态，它也有可能是一种失去了爱情的状态，还有可能是一种没办法去爱的状态。所谓的单身，也有各种各样的形态，而无论如何，我们所能做的就是让自己好好活着，要相信，即使单身，也可以很幸福。

最后，从情感入手，塑造品牌人格。

广告从情感入手，面对目标人群，塑造了"人格化"的便利店品牌：一个温柔的、治愈的、无言的、懂你的、温暖的、融入你的生活，时刻都在你身边陪伴的人。

这是一种治愈式的情感抚慰。它的动人之处在于，在一个"爱情商业化"的时代，它作为一个商业品牌，站到了那些没有得到爱情或者已经失去爱情的人的身边。当然，便利店的目标受众，本来就以单身人群居多，它只不过遵从了自己的商业判断。但在当下的商业背景下，单拎出"单身"这个概念，赋予情感化的动人诠释，效果不言而喻。

3. 品牌"合谋"

为什么杜蕾斯能够一跃成为全球安全套品牌市场份额的最大占有者？为什么"褚橙进京"能够被一抢而空？为什么"罗辑思维"一个每天60秒语音内容推送的微信公众号能够拥有数百万忠实粉丝？

简单来讲，让用户和消费者买账的，不是产品本身，而是产品和品牌"人格化"之后的附加价值。

人们购买物质的产品，其实是希望找到贴合、彰显自身形象或弥补自身形象的象征物，这种关于自我形象的象征意义，就是产品的附加价值所在。所以斯特克和博恩斯坦（Stec and Bernstein）在《平衡理论》（*Balance Theory*）一书中提醒商家：如果向消费者呈现"正确的"形象，那么拥有这些特征的人会为了让人注意他们的自我形象而购买产品；而那些不具备的人会为了让自己显得拥有这些特征而购买产品。

品牌个性跟用户（或者他们的崇拜者）的个性越相近，用户就越乐意使用这种品牌，品牌忠诚度就越高。

抓住时代和人群心理的"人格化"品牌会自动生成一种"魔

法"，让用户心甘情愿埋单。

罗永浩的锤子手机发布会门票卖了100多万，人们为什么愿意花钱去看他的发布会？就是因为喜欢他这个人，喜欢他那种"我不是为了输赢，我只是认真"的态度和由此赋予品牌的独特性格。

互联网品牌，其实是创始人（或产品）和用户（粉丝）之间的一场"合谋"。

创始人告诉用户：我不是在卖一个产品，而是在实现一个改变世界的梦想（或坚持一种珍贵的情怀，或勇敢做真实的自己，或拾起失落的信仰，等等）；

用户则告诉自己：我买的不是一件产品，而是一个梦想（或一种情怀，或一个真实的自我，或一种信仰等等）。

如前两年大热的互联网高端鲜花品牌roseonly，高调打出"一生只送一人"的广告语，宣扬"信者得爱，爱是唯一"的爱情信仰，打动了一大批中高端用户。

鲜花到处都有卖，但 roseonly 祭出"唯一"的旗号，传达给消费者的言下之意即是：我卖的并不是鲜花，而是爱的信仰。同时接收到这一信号的消费者也会认定：我送（收）的不是鲜花，而是爱的承诺。这是一场产品与消费者的"合谋"：将产品的附加价值变成一种双方心领神会并加以认同的信号。

4. 谁是最适合的"代言人"

"罗辑思维"的创始人罗振宇说："互联网时代，特别是移动互联网时代，品牌是基于人格魅力带来的信任与爱！是品牌的去组织化和人格化！"

品牌的最终差别不是技术、功能，而是感性、个性。

因此品牌"代言人"是一个很重要的角色，因为 TA 担负着"品牌人格"具象化的重任。

而在互联网时代，一个品牌代言人的意义不是在广告中露面，而是能够适应新媒体和自媒体传播，有能力持续地在产品和用户之间建立沟通和情感联系。

聚美优品一开始请韩庚当形象代言人，好处是能够迅速捕获一批粉丝，但坏处在于这批粉丝是韩庚的粉丝，再加上韩庚与聚美优品之间并无太多契合的因素，因此粉丝和聚美优品无法形成感情纽带。后来，CEO 陈欧自己出镜"为自己代言"，专注打造个人品牌，一时间，"陈欧体"风靡全国，人们的关注度才开始转向聚美优品这个品牌。

相比而言，陈欧无疑比韩庚更适合成为"品牌人格"具象化的代言者，因为这是由他本人亲手打造的"人格"：一个年轻、有梦想，不惧诋毁和挑战的品牌。

CEO亲自出任品牌代言人，在互联网时代几乎成了一个趋势。例如王石之于万科，刘强东之于京东，雷军之于小米，董明珠之于格力。如陈欧所言，"CEO是品牌的天然代言人"。

但也并非一定要创始人出马，找到品牌代言者的关键之处在于，要找到那个与"品牌人格"契合的人。近期一加手机邀请韩寒代言的案例，值得一看：

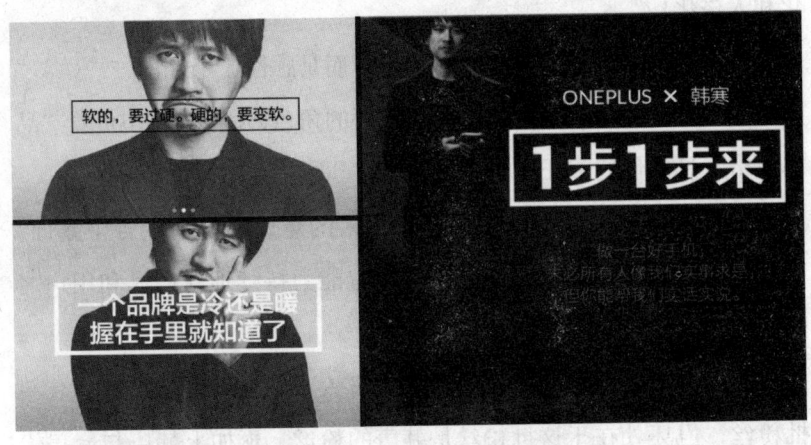

首先是视觉风格，黑白色系，如警句一样的文案，和韩寒本人的风格非常搭。而且在诸多华丽的平面广告中，辨识度相当高。

其次是代言人的外表，不修边幅，胡子拉碴，皱眉搞怪的表情，出乎大家的预期，然而又在意料之中，总之，很文艺，很有范儿。

最后是文案，几乎延续了韩寒《后会无期》宣传文案的风格，精巧的文字游戏，恳切，而又很有腔调的语气，仍然是一种不失态度的文艺气质。

韩寒的个人调性，和一加手机想要打造的调性，几乎是天然的契合。因此，这一系列平面广告一出来，就相当抢眼，吸引了一批口味相同的粉丝，同时也为这款手机打造出一个相当高调的文艺气场，精致而又落拓，有范儿，但也不吝于自黑。

在三段广告视频里，韩寒分别针对一加手机的知名度、体验和口碑进行了"自黑"：

"一加手机登过美国时代周刊，这事儿，国内有几个人知道呢？"

"手感真 TM 爽？可全国就一家体验店，手感去哪找？"

"京东好评率97%，知名度不到10%吧？"

明眼人一看便知，表面是自黑，实际上是在自黑过程中把一加手机的优势和卖点都说出来了。可贵的是，它并没有避讳谈及自己的缺点：全国只有一家体验店，知名度还很低（尤其是在国内）。而没有"偶像包袱",平日在微博就极其擅长自黑的韩寒,无疑是与这个"品牌人格"最契合的代言人。

　　当下的时代,是个体崛起的时代,是每一个普通人都向往建立完整个体性的时代。因为网络的存在,年轻人的视野和知识前所未有地打开和丰富,在他们的消费观念里,日常、个体、价值观、情感、关系认同成为新的标签,他们不需要一个高高在上、没有走进他们的生活和内心的鼓吹者和煽动者,而是需要同理心,需要平等地沟通,用年轻人自己的话来说,"我希望有人感同身受,可以指点我的生活,但不希望有人对我的生活指指点点"。

　　因此,品牌要像一个活生生的人一样,和它的用户站在一起,生活在一起,看他们所看,听他们所听,想他们所想,说他们所说。

【案例】匠人致匠心:暖到心底就是认同

　　New Balance 是全球唯一在欧美拥有专属工厂的国际化运动品牌。它有着十分偏执的品牌美学,并以此为傲:始终坚持手工制作。

　　这种对品牌精益求精的"慢工"精神,催生出一则名为《致匠心》的暖心宣传视频:"将音乐教父"李宗盛亲手制作木吉他的过程和地球另一端的 New Balance 鞋匠制作鞋子的过程关联在一起,讲述手艺人的专注与对技艺的热爱和执着追求。

　　两个素未谋面的匠人,天各一方,制作的物品也不同,但相同的是各自的匠心和对手艺的信仰。

　　视频文案由李宗盛口述,很朴实,也很动人:

人生很多事急不得,你得等它自己熟。

我二十出头入行,三十年写了不到三百首歌,当然算是量少的。我想一个人有多少天分,跟出什么样的作品,并无太大的关联。天分我还是有的,我有能耐住性子的天分。

人不能孤独地活着,之所以有作品,是为了沟通。透过作品去

第五章 字里行间情感化,感动人

告诉人家：心里的想法、眼中看到世界的样子、所在意的、所珍惜的。所以，作品就是自己。

所有精工制作的物件，最珍贵、最不能替代的，就只有一个字——"人"。人有情怀，有信念，有态度。所以，没有理所当然。就是要在各种变数、可能之中，仍然做到最好。

世界再嘈杂，匠人的内心，绝对必须是安静、安定的。面对大自然赠予的素材，我得先成就它，它才有可能成就我。

我知道手艺人往往意味着固执、缓慢、少量、劳作。但是，这些背后所隐含的是专注、技艺、对完美的追求。所以我们宁愿这样，也必须这样，也一直这样。

为什么？我们要保留我们最珍贵的、最引以为傲的。一辈子总是还得让一些善意执念推着往前，我们因此能愿意去听从内心的安排。

专注做点东西，至少能对得起光阴、岁月。其他的就留给时间去说吧。

每一句话说的都是自己，乐坛30年，写歌不到300首，固执、缓慢、少量，只专注内心的声音，但这恰恰与 New Balance 偏执的品牌精神不谋而合：百年制鞋修行只为追求极度舒适的穿鞋感受。

所谓"致匠心"，是用一个匠人的心，向另一个匠人致敬。这世界很喧嚣，人心很浮躁，但你会庆幸，总算还有这样一些人，安静、专注、偏执，对待自己、对待生命、对待手中创造的作品，有着不可动摇的信仰。

这就是视频和文案想要传达的品牌情怀。

第六章

说好一个用户
想听的故事

四个维度：让用户入住你的故事

爱听故事，是人的天性。

想象你听一场演讲，枯燥的理论和讲解一定会让人昏昏欲睡，而一旦演讲中出现"很久以前，有个人……"之类的字眼，昏昏欲睡的人也会被故事勾起兴趣，变得精神百倍。

文案也是如此，枯燥的理论式或讲解式的文案往往无法引起阅读者的兴趣，而拥有故事感的文案则能瞬间俘获人的注意力。

这是因为我们在听故事时，会做这样几件事：

1. 思维模拟故事；
2. 角色置换；
3. 投入感情；
4. 得到娱乐和心理满足。

听故事的过程，是一个心理模拟的过程。故事的吸引力和说服力都是由此而来。

而心理模拟之所以有效，是因为当我们开始想象某一件事或一连串事情时，会激发身体实际活动时所激发的大脑模块。

比如，人在想象别人触摸自己皮肤时，会激活脑中的触觉区域；想象自己成功完成一件工作的过程时，完成这项工作所需的大脑区域也会同时被激活，进而帮助人们顺利完成工作；同样，当你听到一个故事时，也会激发与故事情节相关的所有大脑区域。

换句话说，心理模拟一个故事，会让你产生真正经历这个故事的感受。

国外一个乞丐行乞，牌子上写着：我是盲人，请帮助我。路过的人很多，可是很少有人停下来施舍。这时一位女士路过，帮他在牌子上加了一句话，施舍的人一下子就增多了。

这句话是：多么美好的一天啊，可是我看不见。

比较一下两则文案的不同之处：前者只是平铺直叙地讲述事实，后者却用一句简短的话讲述了一个小故事，或者称之为故事片段。

平铺直叙的事实无法打动人，故事片段却引起了共鸣：是啊，多么美好的一天啊，我们都能够看见，可是你却看不见，太不幸了，让我来帮助你吧。

这就是故事给文案带来的魅力。

再如下面这则公益广告：

宝宝长牙，对妈妈来说是件幸福的事，对大象家庭来说又意味着什么呢？简单的对话，讲述了一个令人揪心的故事，瞬间让人生出代入感。

要让用户对文案所讲的故事产生代入感，可以通过以下四个维度：

1. 画面：不立文字，画面即故事

怎么讲一个故事？不一定要以"很久以前"开头，不一定要有开头结尾，情节起伏，有时，一个画面就够了。如：

音乐响起，牛仔骑着马驰骋在草地上，浑身散发出粗犷、豪迈英雄男子汉气概，手指间一支冉冉冒烟的万宝路香烟，这一系列广告画面背后，有最好的文案策略思考。

画面即故事。试想,当你点燃一根万宝路香烟时,是不是会不自觉地把自己想象成画面中那个骑马驰骋的豪迈牛仔?

再看下面这则平面广告:

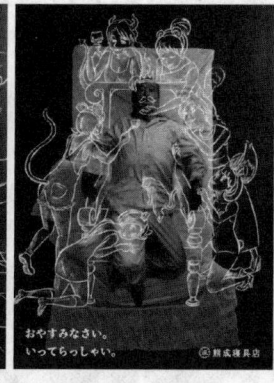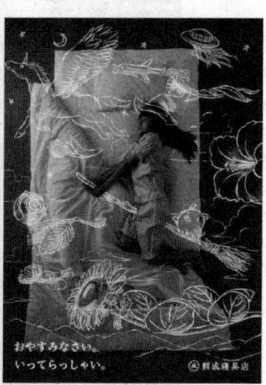

这是日本一家寝具店的创意海报,文案只有一句"晚安,走好"。

三张海报各自用画面讲述了三个不同的梦境,小男孩的"勇者斗恶龙",小女孩的"小魔女之梦",成年人的"后宫梦",充满童趣和想象力的画面和故事,令人看了会心一笑。

在堆砌赞美之词的广告和动人的故事之间,你会被哪一种吸引?

毫无疑问,是后者。

2. 角色:角色替换

这是几组左岸咖啡馆的平面广告:

相信所有爱喝咖啡、爱泡咖啡馆的人（尤其是女孩子）看过这些广告，都会有种发现另一个自己的感觉。为什么会这样？很简单，因为故事。通过这几段文字所描述的故事、场景和心境，女孩子们能找到自己的影子。

这是广告文案中常用的一个方法——角色替换。

角色替换的步骤：

（1）在看到某些很美（或者很帅气、很炫酷……）的场景和故事情节时，人们会倾向于将自己置换成故事或场景中的角色。这和是否真实无关，人对自己的想象总是倾向于美好一面的。

（2）替换角色之后，由于模拟过程的美好，人们更容易采取行动，将想象变作现实。

3. 行劝：从行动上感知代入感

文案之所以要向用户讲述一个他们想听的故事，让用户入住其中，目的是促使用户产生购买行动，而行动无疑是文案的最终目的和落脚点所在。

美国矿泉水品牌 Ethos Water 在激发用户行动方面很擅长。他们的品牌故事可以用一句话来概括：买水，帮助孩子。（Buy Water，Help Children.）

既不强调水的纯净度，也不拿水源地的优秀或水中所含的微量元素来做文章，整瓶水只有一个简洁的 Logo，以及一句话"Helping children get clean water"，即"帮助儿童获得洁净饮水。"这也是 Ethos Water 这个矿泉水品牌从成立之初就在做的事，他们把每瓶水中盈利的一部分，拿来捐赠缺水地区的洁净水项目。

这个具备道德感和公信力的故事，可以说是最好传播的故事，其中关键的一点是，它对行动的呼吁是真实可感知的，是发生在每个人身上的故事：只要你行动起来，去购买一瓶 Ethos Water。

购买一瓶瓶装水时，Ethos Water 会告诉你：他们每售出一瓶水都将提成 5 美分的捐款，帮助世界上的某个缺水地区。迄今为止，Ethos Water 公司已完成 620 多万美元捐赠，使缺水国家中的大约 43.9 万人获得帮助——所有的故事，都在消费者心中树立了无可匹敌的影响力。

故事的力量有两个层面：

提供模拟——有关如何行动的知识

提供启发——行动的动机

当你用一个恰当地提供了模拟行动的细节，再加上行动的动机，消费者自然就会主动采取行动。

4. 心理：从心理上嵌入认同感

文案是否令用户产生代入感，从心理的角度出发，可以理解为是否会设身处地站在用户的角度去思考，表达出用户埋藏于心底的感受，从而让用户从心理上找到认同感。

2009 年，联想 IdeaPad Y450 笔记本在新品发布之际，向用户讲述了一个故事：

在 ChinaRen 网站上，一个自称"彪悍的小 y"的网友发帖曝光自己的私生活，短时间内，红遍整个社交网站。来看看小 y 的故事是怎么讲的：

彪悍的小 y 仰天长啸：我真的是个异类吗？

西装笔挺跑步路上，彪悍的小 y 晒装备。

彪悍的小 y 热情回击，阐述跑步上班的十大优势。

第四天，大胆晒打卡表，彪悍的小 y 整齐打卡的记录让人震惊。

网友真的在路上拍到跑步的小 y，小 y 回应网友。

跑步路上遇到雷人求婚，小 y 惊叹。

小 y 自曝追前台 MM，每天做便当的甜蜜历程。

小 y 号召全体网友一起传递温馨的爱情纸条，引发传播热潮。

热情网友人肉出小 y 女友在社区的活动踪迹，太牛了！

跑步路过人大，引发小 y 大学回忆，自曝雷人囧事。

谁说装修得花钱，彪悍的小 y 只花 0 元装修玻璃和门窗。

小 y 家的现代化厕所，小 y 家随时随地都能上网享受冲浪。

小 y 自曝 5000 元装修 50 平方米房子的真正秘密。

……………

生活化的场景，网络化的语言，现实化的故事细节，让彪悍的小 y 的故事迅速深入人心。这个名叫小 y 的年轻人好像就是我们身边常见的那一个，我们和他有很多相似之处。

那么，小 y 到底是谁呢？揭开谜底时，联想 IdeaPad Y450 笔记本使用了一句广告语"彪悍的小 y 不只是传说"，并且主办了一场"寻找彪悍的小 y"大型征集活动来打造声势。

除此之外，联想集团及其策划公司借用小 y 的故事，将小 y 的"同类们"称之为"小 y 党"，并且总结出一些"小 y 党"的共性特征：

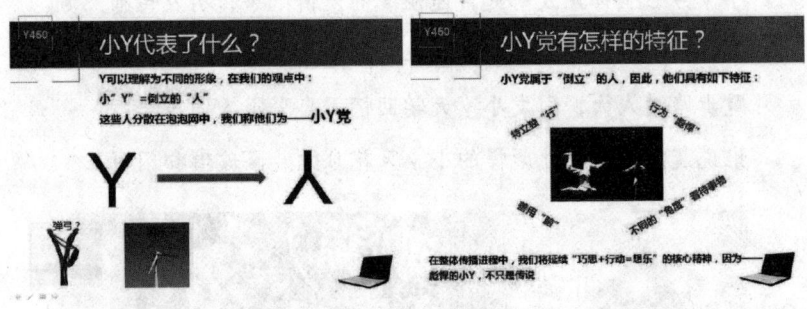

这是对故事打造出的代入感的一种深入，它不仅赋予一个年轻人群体以肯定、理解和认同，也为一款无生命的笔记本带来了鲜活的个性，后来，小 y 成了这款 Y450 笔记本的昵称。由于故事强大的传播效应和共鸣效应，在 2009 年，这款联想笔记本销售量超过 130

万台，成为当年最火的一款笔记本电脑。

让用户入住你的故事，目的是让他们感觉自己身在其中，与产品或品牌之间产生认同，因此，无论是从画面、角色，还是从行为或者心理上着手，始终都需要记住一个关键点：用用户的眼睛看，用他们的耳朵听，用他们的脑子来思考，确保你和他们站在一起，确保你说的是他们的故事，这样你讲出来的故事才是有感染力的。

好故事触及人类情感密码

一个好的故事之所以能够吸引我们，是因为它能够恰当地打动我们，走进我们心中。而很多知名品牌之所以能够被认可，很大的原因是，它用一个动人的故事表达其精神灵魂，并能够很好地表达所有人或者某一类人共通的内心情感。

"定位"理论认为，品牌即品类，即品牌需要开辟新的品类，占据消费者心目中某一品类的首选地位。这是"硬"层面。

就"软"层面而言，品牌即情感。它需要做的是强化消费者的情感获得。

品牌占据消费者心智的三个步骤：

1. 劈开脑海；
2. 补充记忆；
3. 品牌升华。

所谓"品牌升华"，就是说，这个品牌不能用简单的品类来解释，而代表某种形而上的情感部分。比如可口可乐，你选择它是因为它是"可乐"这个品类的老大，但是，这个品类对消费者而言，并不是必需品。所以你选择的其实是一种情感上的认同，这个饮料象征着某些欢快、激情、朝气蓬勃、积极乐观的精神。

品牌故事做的其实就是这样一件事：强化情感获得。

我们都知道钻石戒指是现代人求婚、订婚、结婚的必备品，也知道钻石象征坚贞永恒的爱情。但鲜为人知的一点是，钻石并非在诞生之初就和爱情挂钩，在19世纪后期，钻石作为一种罕见且美丽的矿物，主要被上流人物当作身份的象征，或纯粹以炫耀为目的来佩戴。

首次为钻石赋予故事和情感，告诉全世界的女人"如果他永远爱你，他就会送你永恒的钻石"的品牌是：戴比尔斯。

沧海桑田，斗转星移，世上没有永恒的东西，唯有钻石——The diamond is forever，因此也唯有钻石能够象征永恒的爱情。这就是戴比尔斯所有文案都在讲述的核心故事。

钻石是什么？它是目前地球上所发现的物质中最坚硬的一种，没有什么东西可以击碎它；同时钻石也是稳定的，任何酸性物质都对它不起作用，它不会随着时间流逝而变质。

人们理想中的爱情是什么样的？它也应该是坚硬的，没有什么东西可以击碎它；它也应该是稳定的，不会在时间的流逝中变质。钻石和爱情是一样的，它们都是永恒的象征。

"如果他永远爱你，他就会送你永恒的钻石。"

所有的女人都被这个故事打动。就连玛丽莲·梦露也宣称："手上的一吻多么令人陶醉，可是只有钻石才是姑娘心中的挚爱……"

经由文案故事的传播，钻石很快由非必需品变成了必需品，戴比尔斯也迅速成为全球钻石行业的龙头老大，因为女人只要活着就需要爱情，爱与生命同在。

这是戴比尔斯的经典文案，"钻石恒久远，一颗永流传"。

为什么一个关于永恒的故事能够打动全世界的女人，让她们每个人都渴望从深爱的男人那里得到一枚钻戒，作为承诺爱情永恒的见证？

每一个好的故事背后，都有一个好的母题。而所谓好的母题，就是文本之源，是叙事性带来的力量背后的原动力，它会触及人类心底的情感密码。

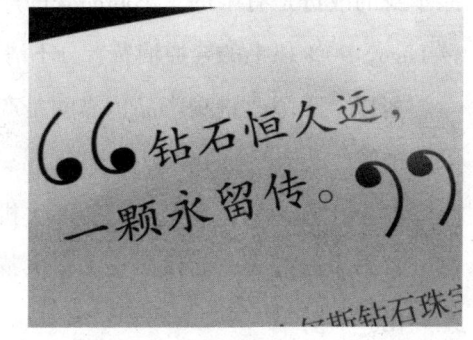

文本之源所触及的情感密码，是指那些古往今来被无数个故事诠释过的母题，比如爱情，比如悲剧，比如人性的力量，等等。

爱情是人类永恒的母题，想一想那些经典的、流传千年的爱情故事，罗密欧朱丽叶，梁山伯祝英台，美人鱼和王子，几乎都是悲剧，但是悲剧后面隐藏的情感和心理是：爱情的力量能够冲破一切阻碍，超越一切困境，坚贞的爱情不会随着时间而改变，也不会被任何事情改变。

为爱情冠以"永恒"二字，等于道出了每个女人内心最深处的渴盼。当然不会有人真的相信得到一枚钻石就可以得到一生不变的爱情，这一枚小小的坚硬的宝石所承载的，其实是女人心底最美好也最真切的向往。

一般来说，商品分成两个大类别：

1. 无限改进型——如汽车、电脑、手机，随着科技进步，可以无休止改进下去。

2. 有限改进型——如饮料、矿泉水、啤酒、洗发水……这些产品本身的改进是有限的，不同品牌的产品之间没什么明显差异，撕掉Logo，90%以上的普通消费者分不清品牌间的区别。

所以，无限改进型产品依靠的是产品功能来实现市场突破，有限改进型产品依靠的是品牌提升。

打个比方，全世界第一部智能手机，第一台液晶电视，这种产品一拿出来就能火，而像矿泉水、凉茶这种产品，依靠的则是品牌差异化。

品牌差异化来源于什么？从消费者角度来考察，两种类别的产品给他们带来的是两种利益：

1. 功能获得；

2. 情感获得。

我们为什么要买这种牌子的矿泉水，而不是另一种牌子，是因为对这种品牌有情感上的认可。这种认可可从何而来？是因为品牌劈开了消费者的脑海，在那里找到了自己的"情感定位"，并且牢牢地占据了一席之地。

比方说刚刚提到的钻石，属于第二大类别，即有限改进型的商品。每个钻石品牌生产的产品其实都差不多，无非是风格、设计和细节上的差异，但当你打算向女友求婚时，你还是会倾向于选择戴比尔斯。为什么？因为戴比尔斯率先说出了一个关于爱情和永恒的故事，它打动了全世界的女人。

叙事性的文案之所以能够打动人，一个很重要的原因就在于，讲一个故事的同时，必定是注入了情感的，而且这种情感是人性之中共通的，是每个人，在人生各个阶段能够体验到的共通的情感。

我们都知道耐克的广告语是：Just do it！脍炙人口的一句话。这是一个运动鞋品牌，但事实是，很多不怎么运动的人也穿耐克，仅仅只是因为这个广告语带来的叙事性情感效应。

想做就做，Just do it。这句文案讲了一个可以无限延展的故事：可以是年轻无所畏惧，敢于冒险的精神。

也可以是一场百折不挠，遇到千难万阻也不放弃的人生。

打破既有规则的勇气和创新。

或者对自我一点一滴的超越。

我们会被这样的文字打动,它背后的故事触及了人类心底的情感源头:每个人都希望自己说做就做,永不言败,每个人都希望自己是故事里的那个人。

在潜移默化中,故事跨越一切障碍,与人类的情感形成共鸣。

所以,你的产品文案要怎么写?

如果是无限改进型产品,那就拼功能,产品开发出某种前所未有的新功能,文案直接写"全球第一"就够了,因为这一定是独一无二、开天辟地的卖点。

如果是有限改进型产品,那么,文本之源的叙事性力量,将是最好的武器。

流行三法则：让故事像病毒一样疯传

在互联网传播时代，一则成功的文案，不仅需要吸引人们来阅读它，更需要促使人们分享和传播，这样才能实现广告的最大效应。那么，是什么促使人们不仅愿意去读一则文案，还愿意去传播它？

吸引阅读最好的办法当然是让文案具备故事性，但是，并非所有故事都能够令人产生分享的欲望，很多故事能够吸引阅读，却不能引发分享行为。

吸引阅读和引发分享，是两件不同的事。美国沃顿商学院市场营销学教授乔纳·博格（Jonah Berger）在写出他那本著名的《传播：流行何以产生》之前就已发现这个现象：通常情况下，被阅读次数最多的内容（包括文章、图片和视频等）和被分享次数最多的内容是不同的。

由于对此感到好奇，博格和他的同事一起，对"分享"这一问题进行了实证研究，最终总结出实现故事病毒式传播的六个法则，在此仅针对故事性文案，就其中几个关键法则展开来讲。

一、积极性：传达积极情感

公元前350年，著名的哲学家亚里士多德为了让自己的思想和理念传播更广，一直在考虑如何让演讲内容充满说服力，能够让人记住，并且愿意和其他人分享。最终他找到了答案，要做到这一点，必须让演讲具备三个要素：

1. 道德——伦理诉求；

2. 情感——情感诉求；

3. 逻辑——逻辑诉求。

三方面都具备的演说家，才有可能说服听众。

有趣的是，在经历数个世纪之后，这个理论依然没有过时——它不仅适用于演说，也适用于现代广告和社交媒体。如果你去翻翻自己最近在社交媒体上分享的链接，或者最近发给朋友、推荐给朋友的文章，会发现它们基本都符合这几项条件。

道德、情感、逻辑，换成通俗的说法就是：

1. 这段内容可信、有意义；

2. 这段内容吸引我、感动我；

3. 这段内容有道理、讲得通。

能够满足这几个条件，才更容易引发分享的欲望。

其中，"情感"因素很关键。博格的研究结果显示，一则能够激起读者情感的文章比不能激起读者情感的文章更易获得转发——比如题为《小北极熊饲养员之死》的文章比《勒布朗·詹姆斯团队为其转会摩拳擦掌》转发量大。

同时，博格细化了亚里士多德提出的"情感"要素，他进一步发现，传达积极情感的内容更易获得转发和分享。比如表现快乐情绪的文章（比如《满眼新奇的新来者爱上了这座城市》）比令人忧伤的新闻（如《韩星自杀：网络谣言之过》）更易获得转发。

另一项来自国外的研究也得出了同样的结论。

研究分为两部分：第一部分是让参与者自我报告在脸书上会表达的正性情绪和负性情绪有多少，然后再报告自己在现实生活中会表达的正性情绪和负性情绪有多少。

第二部分是另外找了一群人，让他们报告自己关系亲密的三个人（可以是家人，也可以是朋友）以及关系一般的三个人，评价他们现实生活中过得快乐与否，然后让他们看两分钟这几个人的脸书页面，再评价他们在脸书上表现的是开心还是难过。

结果显示，人们在社交网络上更倾向于表达积极情感。这一现象可以用心理学上的"印象管理"来解释。我们在社交网络上的表达是公开的，所以都是有选择性地进行表达，而表达积极正面的情绪，更容易获得社会认同，所以大家不自觉地会在社交网络上表现得更积极向上。

台湾大众银行曾推出三则独立广告，分别为《马校长的合唱团》《母亲的勇气》和《梦骑士》，以"不平凡的平凡大众生活"为主题，讲述了平凡人的三个故事，一经推出，迅速风靡整个台湾，并通过网络传遍大陆，受到热捧。

这三个故事何以有如此大的魅力，让每个看过的人都乐意向更多的人分享？这不仅是出于故事本身的质量，以及广告制作上的精良，更是因为它们传达的情感是积极的，感人至深的，正是这种正向的情感，使得人们愿意通过自己的社交网络来传播，因为传播行为本身就是对自我社交形象的塑造。

以其中的《梦骑士》为例:

"5个台湾人,平均年龄81岁,1个重听,1个得了癌症,3个有心脏病,每一个都有退化性关节炎,6个月准备,环岛13天,1139公里,从北到南,从黑夜到白天,只为了一个简单的理由。"

简短的句子和数字的罗列，勾勒出一个坚定追逐梦想的故事。为什么你愿意转发分享这个故事？因为这个故事传达出来的是一种强大的正能量。当你处在分享传播节点上的时候，意味着你对自我的标榜：我是积极的，正能量的。

所以，实现病毒式传播的关键：

1. 传达积极情感；
2. 抓住受众的"印象管理"心理；
3. 创作有代入感的故事。

二、激发性：激起强烈情绪

那些能够激发读者强烈情绪的故事通常更容易获得二次或多次传播的机会。

博格的研究发现，如果一个故事让读者感到极度愤怒或者非常焦虑——例如政治丑闻或者新发现的致癌因素——人们会像乐意转发一篇关于可爱大熊猫的轻松故事一样转发它。即使题材相同，表达强烈情绪的故事也会比表达略平淡的故事更易被分享。

加多宝和广药打官司，被裁定禁用"红罐凉茶改名加多宝"这句广告语之后，曾推出四张"对不起"系列广告，在网络上风传成为热点。

四张海报以痛哭的小孩为配图，以道歉为包装，实际突出了自己过去多年的成绩。因为摆出了弱势者的姿态，也因为这种夸张激烈的表现形式，结果引来大量支持，许多名人、网红都免费转发，纷纷回应，"没关系""加多宝宝不哭"。网友也表示："看到那

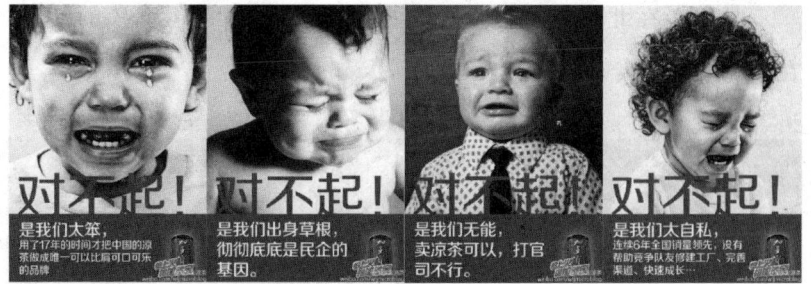

几个孩子的眼泪,心就软了""不清楚加多宝和王老吉之间的纷争,但因为这句对不起和这几个宝宝的表情,情感的天平已经倾向加多宝了"……

情感具有先入为主的强大力量,尽管加多宝这一系列"对不起"广告被戏称为"打同情牌""装可怜",但从效果来看,这一手牌的确打得到位。

要实现故事传播,平淡是大忌,你需要做的是:

1. 在故事中加入强烈情绪;
2. 运用情绪化的、激烈的语言;
3. "真实"让位于"情感";
4. 设置出人意料的情节转折点。

三、热点性:诱导记忆的契机

我们通常会分享那些我们正在想着的话题,或者那些与当下、与我们自身有关的话题。因此,在故事里出现热点和诱导记忆的契机很重要。这里的热点可以是实时热点,也可以是人生"热点",比如青春、恋爱、家庭、亲情等具有共通性的主题。

杜蕾斯在北京暴雨时曾策划了一个"安全套当鞋套"的故事，在微博上迅速成为热门：

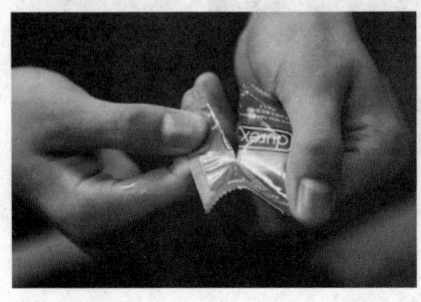
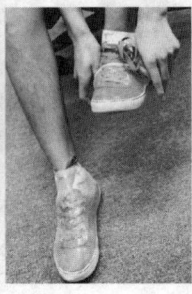
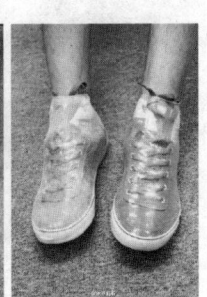

配图文案是：北京今日暴雨，幸好包里还有两只杜蕾斯。

这个广告风靡的原因，不仅在于创意，也因为抓住了暴雨这一即时热点，用恰当的幽默感植入品牌，所以在当天之内就创造了惊人的转发量，也让杜蕾斯营销从此走进众人视线，成为人们津津乐道的话题。

这个故事具有很长的生命力，因为它在人们脑海里嵌入了记忆契机，可以想象，此后每一次暴雨，都会有人将这个故事挖出来，重新消费。

要紧随热点创作出病毒式传播的故事，有四个要点：

1. 永远在那儿——随时随地做出反应；
2. 永远新颖——借助热点重新阐述品牌；
3. 永远真实——反映日常生活的真实；
4. 永远是你——与每位消费者相关。

怎么讲才有诱惑力

讲故事人人都会,但并非人人都能够将一个故事讲得引人入胜,深入浅出,让听故事的人感同身受,从而激发认同和行动。同样一个故事,因为讲述方法的不同,很可能呈现出天差地别的效果。

因此,要借助文案为品牌或产品赋予一个令人难忘的故事,向消费者讲述一个他们想听的故事,就必须注重讲故事的技巧,如何讲才能使故事本身具有诱惑力,如何才能勾起消费者的兴趣和好奇心,这都是文案写作者需要面对的问题。

有没有一些通用的技巧和秘诀呢?

一、悬念至上

万事开头难,讲故事也是一样。在一个信息飞速发展的时代里,广告铺天盖地,能够迅速抓住消费者的眼球,才是成功的第一步。

超市、游乐场、街边长椅,孩子们遮住爸爸的眼睛,爸爸脸上则残留着惊叹的表情。悬念呼之欲出。是什么让父亲们惊叹?为什么孩子们都不约而同遮住爸爸的眼睛?

仔细看,才知道画面右上角的产品名称早已给出答案,原来这是神奇胸罩的广告。画面中没有出现佩戴神奇胸罩的女人,但从父亲和孩子的表情、行为完全可以想象出女士的火辣曲线。

通过设置悬念,不仅能够大大增强广告和故事的吸引力和魅力,引发兴趣,同时还能够使产品和品牌成为众人口中的热议话题,大大提升品牌知名度。如可口可乐"秘密配方"的故事,至今仍难辨真假,始终为世人津津乐道。

二、提出需求,满足需求

如何才能把一瓶水卖到一瓶啤酒甚至是一瓶葡萄酒的价格?

我们都知道高价矿泉水品牌依云(Evian)的水源来自法国阿尔卑斯山,经过高山融雪和山地雨水在山脉腹地长达15年的自然过滤而形成,称得上大自然造化的珍宝。但仅仅如此,就足以将一瓶天然矿泉水卖出高价吗?来看看依云是怎么讲故事的:

18世纪末,法国一位贵族得了肾结石,总也得不到根治,他被病痛折磨得痛苦不堪。一日他来到依云镇散步,无意中得到一位绅士家花园里的泉水。饮用一段时间之后,他的病居然痊愈了。这件事传开后,吸引了很多人来到这个名叫"依云"的小镇,品尝这里的泉水。一些医生开始把依云水列为药方,法国药学院也认可了依云水卓越的理疗功效。后来拿破仑三世正式为小镇赐名,使得这里声名愈盛。

实际上，法国依云矿泉水的广告文案"live young——活力生活"，突出的就是这种水对人身体的益处。

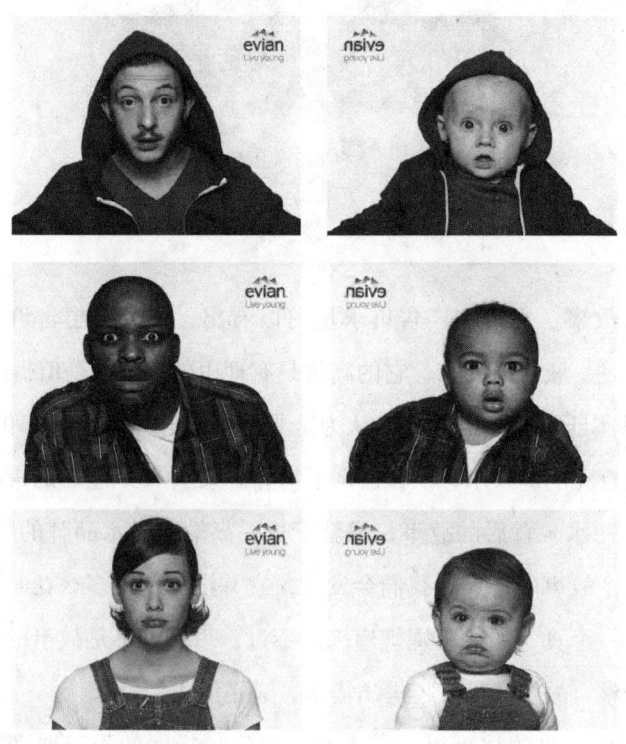

一瓶水可以让人返老还童，这种夸张的表现手法，在消费者脑海中强烈地植入了依云水有益健康的印象。所谓的"活力生活"，并非只是一句无关痛痒的广告文案，而是有根有据的一个事实。

后来，姑娘们从依云水中发现另外一个秘密，依云水不但可以治病，还有美容的功效。将依云水喷在脸上，可以增加皮肤弹性，使肌肤柔嫩光滑。可以说，这种天然的矿物水是最安全的美容品。

从故事、文案和广告诉求里可以看出，依云水想告诉消费者：这不仅是一瓶普通的水，它的高价是有理由的，而且是值得的。

事实证明，消费者的确认为这是值得的。靠着这些售价几十元甚至上百元的矿泉水，依云占据了世界矿泉水 10% 左右的市场份额。

一瓶水 + 背后的故事，成就了这一高端矿泉水品牌的辉煌。而总结这个故事的特点，我们会发现，它并没有使用多么花哨的技巧，只是将一个真实的故事娓娓道来。不过，重点并不是故事的真实性，而在于整个故事的模式：提出需求，满足需求。

在依云水的故事里，需求是：被病痛折磨的人需要理疗功效，美容功效。而满足需求的方法是：喝依云水，在皮肤上喷依云水。

很简单，但足够直接有效。在这里，不需要情感的介入，也不需要感染力，只需要提出消费者共有的某些需求，然后给出解决办法。

大众 ACC 在突出它的自适应巡航系统的功能诉求时，为消费者讲了这样一个故事：

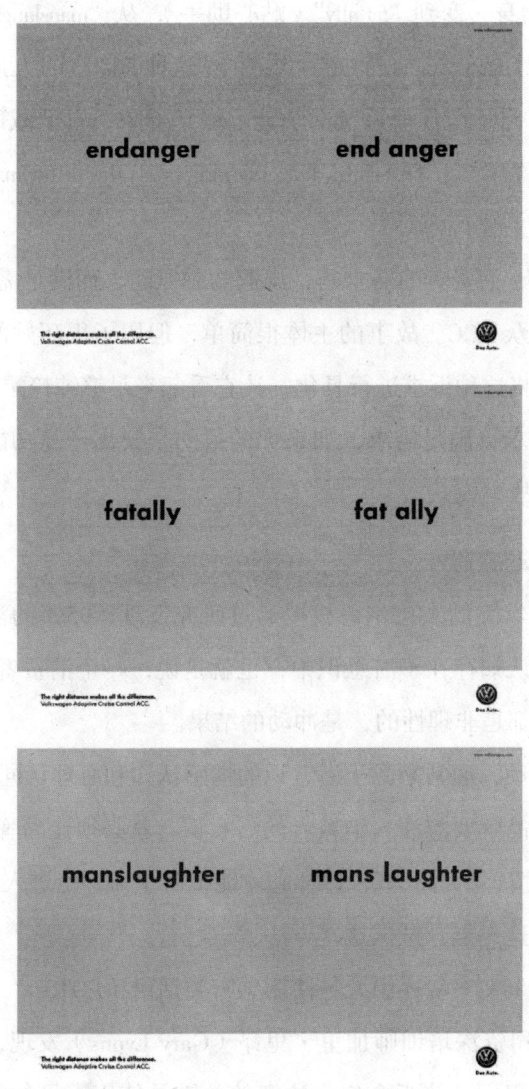

从"endanger"（遭受危险）到"end anger"（终结愤怒），由"fatally"（致命的）摇身一变到"fat ally"（贴心助手），从"manslaughter"（过失杀人）成了"mans laughter"（皆大欢喜），这种360度的大逆转，靠的是大众ACC自适应巡航系统的功能：察觉异象，自动减速，及时避让。正如文案所说，The right distance makes all the difference，正确的距离让一切变得不同。

在这里，消费者的需求是：规避驾驶风险，而满足需求的办法：就是使用大众ACC。故事的主体很简单，但用了很巧妙的方式来讲述，目的是将这种诉求进行具化，让它看起来足够纯粹醒目。

提出需求，满足需求，如果你的目的是突出产品功能，那这是一个最佳的故事模式。

三、触动感官

哈佛商学院的杰拉尔德教授通过研究发现，95%的消费者对产品或品牌的认知存在于潜意识中，也就是说，一个消费者购买商品，大多数时候都是非理性的，是冲动的结果。

这种冲动，通常来源于潜意识的情感认知和心理认同。

因此，品牌要想注入消费者的潜意识，就必须让品牌像人一样，有性格、有情感、有故事，这样它才能拥有生命，走进人们心底。

要做到这一点，试试这些方法：

1. 在故事文案叙述中大量使用感官类话语（LOTS）

TAI公司资深培训师加里·里昂（Gary Lyons）发现，在向听众讲故事的过程中，使听众集中注意的关键是使用大量的"感官类话语"，又叫作 LOTS。当你叙述一个故事的时候，你可以与听众分享你所看到的、闻到的、感觉到的、尝到的以及听到的东西。触动了听众的感官，你就可以把他们带进故事当中。

日本的元祖渍文屋广告海报，就用了许多感官类甚至是情绪类的词语来讲述产品背后的故事，将一种传统工艺形容得奇葩、鲜活而有趣。

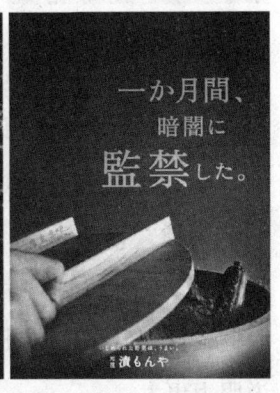

文案："我要把你的内脏挖出来，然后塞满。"被凌虐过的蔬菜，很好吃，元祖渍文屋。

文案："大量地往伤口上撒盐。"被凌虐过的蔬菜，很好吃，元祖渍文屋。

文案："监禁在黑暗的地方一个月。"被凌虐过的蔬菜，很好吃，元祖渍文屋。

这些海报和文案，每一种都带给人很鲜明的感受，剖开内脏，往伤口上撒盐，监禁在黑暗中，虽然是对蔬菜做的事，但我们读到它，会瞬间产生相应的感官体验。触及到触觉，痛觉，视觉等感官的文字，远比枯燥的说明更令人难忘。

2. 少数据，少理性分析，多一些绘声绘色的描述

要将故事讲得有诱惑力，就需要绘声绘色的描述。在广告文案

中，所谓的"绘声绘色"，不一定是用文字，用图片也一样可以达到故事效果。比如拉赛轮胎的平面广告：

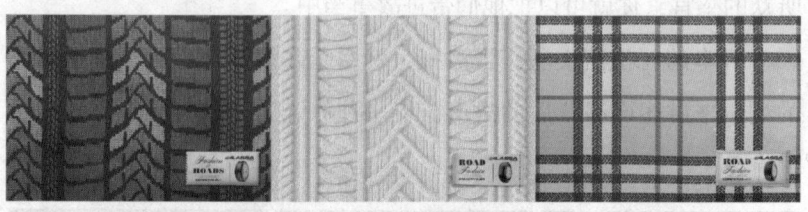

不需要语言，产品也没有出现。但轮胎、服饰、花纹、时尚，令人意想不到的联想，组合成一个关于"时尚之路"——Road Fashion 的故事，将"时尚"的概念形象化地呈现了出来。

给消费者讲故事，事实上就是提供品牌的附加价值。讲故事与听故事是品牌和消费者之间的沟通。通过这种沟通，双方各取所需。因此，比起数据和理性分析，比起不厌其烦的说明和讲解，故事的说服力更大。

而故事的说服力，可以来源于一个简单纯粹的好的故事模式，也可以来源于对故事的重新架构，或者仅仅只是以上这些易用的讲故事技巧。

【案例】机器人之爱：故事要诚恳，不做作

在众多的广告手法里，讲故事是其中很有效的一种。但故事一定要诚恳，不做作，如果为了煽情而煽情，或者生搬硬套嫁接一些道理和观念，还不如不讲。

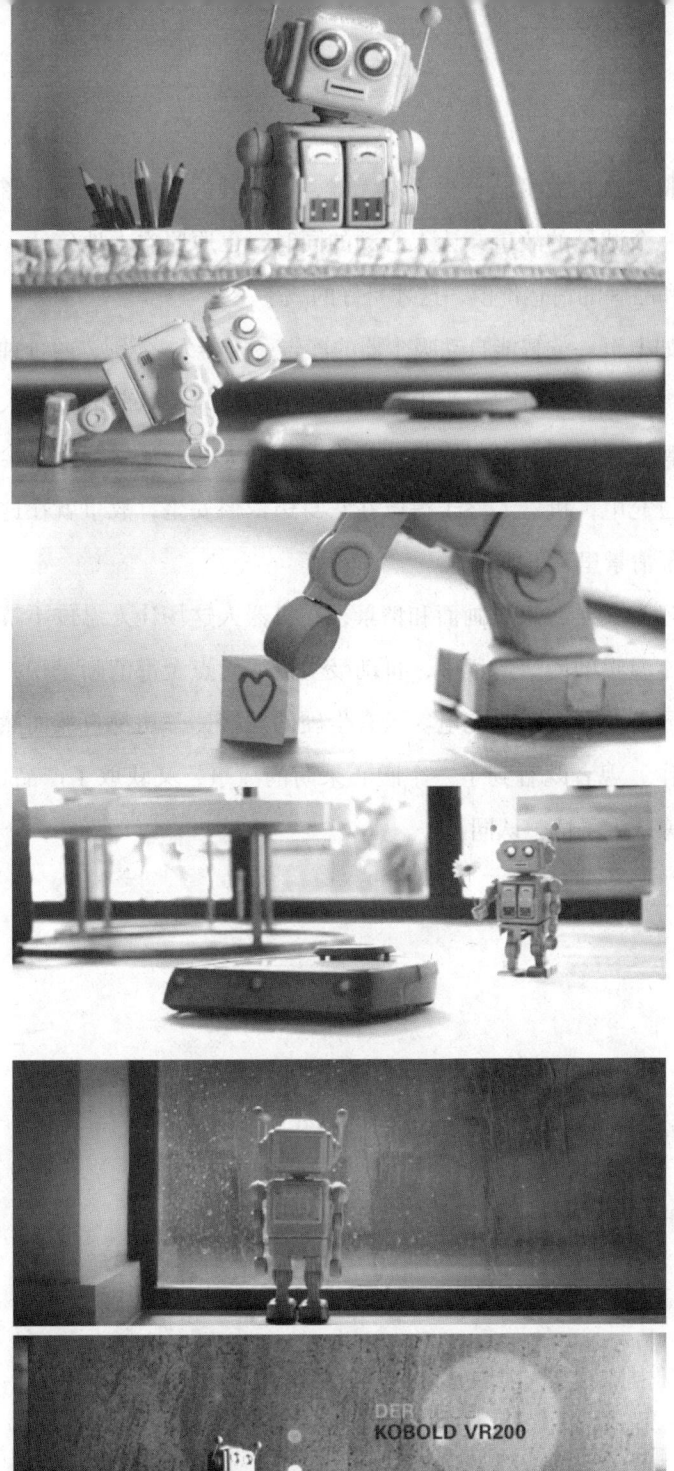

将卖点和故事结合得天衣无缝，用巧妙的手法和技术不露痕迹地讲一个诚恳的故事，让人心动的同时，也原原本本地传达了产品信息和品牌的情感价值，这才是好的故事。

如上页一款智能自动吸尘器的广告《机器人之爱》，两分钟的广告，讲述了一个机器人爱上智能吸尘器的故事，呆萌的机器人不断追逐智能吸尘器，吸引它的注意力，不断失败，最后智能吸尘器自动归位充电，机器人终于得以在它身边依偎安坐，故事就在这宁静的一幕情景里落下帷幕。

没有文字，只有画面和情景，在机器人这场让人忍俊不禁又让人心疼温暖的爱情追逐中，自动吸尘器的卖点全都清晰呈现：智能感应导航，自动归位充电。没有生硬的嫁接，一切都自然而然，毫不做作。观者既看到了一个暖心呆萌的故事，又获取了产品信息，对品牌产生了情感认同。

第七章

可感知：产品在文字中找到附着力

理性时代,文案不要太"多情"

广告是词语的生涯。现代广告教皇大卫·奥格威如是说。

无论是通过何种媒介传播,无论用何种形式传达产品信息,广告始终都与文字、词语、句子密不可分,即使如万宝路香烟那样,不立文字,只靠一个个画面来传达品牌精神,其背后蕴含的、植入消费者脑海之中的也是一个个词语:粗犷、男子气概、西部牛仔……

人们必须通过语言和文字来理解事物,这意味着广告也必须通过语言来传递信息和情感。关于如何使用语言,广告人总结出很多方法,其中最有意思的一个方法当属KISS公式:keep it simple, stupid,意思是,广告语言要做到连白痴都能看懂。

过去很多优秀广告的确都遵循着这个公式的基本原理。直到现在,到了互联网和移动互联网主导媒介的时代,"KISS"公式仍然有着很实际的意义。

很多人习惯写这样的文案:"献给正在创造历史的时代领袖""极致的精密,对您而言意味着尊贵、华美与恒久"……

这样的文案看一条，或许没问题，但假如许多品牌都这样说，品牌辨识度就会变得很低。尤其在互联网时代，人们正在变得越来越理性，单纯的煽情已经越来越不适用于这个时代。

品牌诉诸于情感，在消费者脑海中牢牢占据"情感定位"当然没问题，问题在于，情感的位置是有限的，而且，诉诸情感的文案很容易流于形式，不接地气，导致消费者产生审美疲劳和情感疲劳。理由很简单，产品太多，品牌太多，当10种品牌都自我标榜尊贵，并试图传达这种尊贵，消费者该相信哪一个？

因此，在盲目追求广告文案语言的精致、华美和煽情度之前，应该更多地纳入广告的理性诉求：

1. 传达产品特征，以客观信息为主；
2. 减少情感因素；
3. 促使消费者对广告信息产生认知。

注重理性诉求并不意味着放弃情感诉求，而是根据产品特性和目标消费者群体的不同，有所偏重。通常情况下，两者是并存的。

比如，豪华轿车品牌凯迪拉克2013年的广告文案是这样的：

请知名的好莱坞演员代言,以一句"走在未来之前"为产品增加气势,输出品牌内涵,这属于情感诉求的范畴。

而在 2013 年春节期间上线的凯迪拉克 XTS 视频广告中,广告着力突出的是凯迪拉克"艺术与科技"的设计理念。

系统、设计理念、操控感,这都是相当客观的信息,被赋予理性的描述,这说明整个广告更想传达给消费者的是一种极致的汽车驾驶体验,而这种体验来自于这个品牌在汽车系统、设计和操控细节上的用心。

来看凯迪拉克官网的一些产品文案:

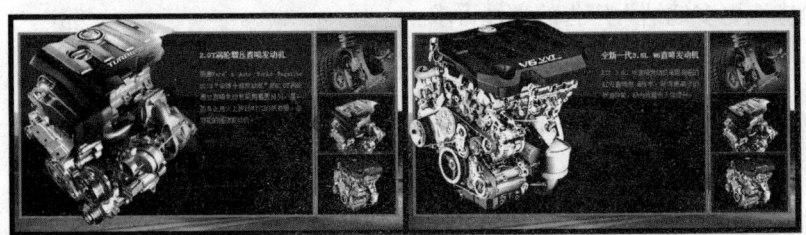

细节上的用心和优势,是广告真正要传达的理性诉求:同样是豪华轿车,我们是更好的,而我们的优势,就在于这些配置上、设计上、系统上的

细微差距,现在我们将它们呈现出来,供消费者仔细比较之后再做选择。

在买车这种购买行为上,消费者的"比较"是必然的,所以广告理性地传达出这一点：我们不仅不怕比较，而且欢迎消费者们来比较我们和其他品牌的异同。比起一味吹捧自己，建构"高大上"的品牌形象，这样的理性诉求显然更诚恳，也更入心。

不仅针对产品提出细微到毫厘的数据和信息，凯迪拉克针对汽车贷款消费，也提出了一系列金融数据：

在这一系列广告中，我们会发现，比起那句"走在未来之前"的文案，凯迪拉克更用心传达的是精准的数据，包括产品细节和消费方案。而在一百年前的1915年，凯迪拉克的经典文案则是这样的：

出人头地的代价

在人类活动的每一个领域，
得到第一的人必须长期生活在世人公正无私的裁判之中。

无论是一个人还是一种产品,
当它被授予了先进称号之后,
赶超和妒忌便会接踵而至。
在艺术界、文学界、音乐界和工业界,
酬劳和惩罚总是相同的。
酬劳就是得到公认,
而惩罚则是遭到反对和疯狂的诋毁。
这一切都没有什么新鲜,
如同世界和人类的感情——
嫉妒、恐惧、贪婪、野心以及赶超的欲望一样,
历来就是如此,一切都徒劳无益。
如果杰出人物确实有其先进之处,
他终究是一个杰出者。
杰出的诗人,著名的画家,优秀工作者,
每个人都会遭到攻击,
但每个人最终也会拥有荣誉。
不论反对的叫喊如何喧嚣,
美好的或伟大的,
总会流传于世,
该存在的总是存在。

这则经典文案,用冷静、优美而又充满情感的笔调诠释了凯迪

拉克"敢为天下先"的品牌内涵，即使放到一百年后的今天，和那些最出色的文案作品相比，也毫不逊色。但它的确更适用于一百年前的世界。

在当下这个人与人之间的信息分享交流变得越来越便捷的时代，"去中心化"早已成为人们思维的共识，这意味着很少有人会轻易相信一个被制造出来的品牌神话和品牌精神，除非，你的"神话"和"精神"师出有名，背后有数据和实例支撑。

"改写你的肌肤命运"，是SK-II核心的广告语，为了诠释这一点，SK-II每年都会邀请当红女明星代言其产品，但在一个明星代言早已成为常态的世界里，仅仅诉诸感性诉求是不够的。所以我们看到了这样的文案：

"百万亚洲女性实证""27岁""使用SK-II 5年""逆龄6岁",用数据来实证,显然使得"改变肌肤命运"这一品牌内涵得到了更好的诠释。而SK-II最为人熟知的则是下面这则广告文案:

不仅强调"5大维度""28天",而且详细列出了这5大维度的图表。比起一句空洞的"改写肌肤命运",专业的数据和图表,当然更能提升消费者信任度。

总体而言,理性手法在文案中运用的基本思路如下:

1. 明确传递信息;

2. 以信息本身和具有逻辑性的说服加强诉求对象的认知;

3. 引导诉求对象进行分析判断;

4. 文案的力量来自具体的信息、明晰的条理、精确的数据、严密的说理。

不过,需要注意的是:并非所有产品都适用于理性诉求和数据化呈现的方式。这里涉及到一个概念:FCB坐标系。

FCB坐标是一种根据产品特性来划分产品种类的方式,按照消费者参与程度的高低,将产品分为高涉入(高参与度)和低涉入(低参与度)产品,同时按照消费者购买时是遵循"考虑为主"还是"感觉为主",把产品分为"情感型"和"思考型"。

如"高涉入"这个坐标,通常以保险、药品、经济型轿车、房屋等产品种类为代表。对此类产品,消费者在购买决策时具有较高的风险与不确定性,他们处理广告信息的动机和能力都较高,一般会主动搜集材料、历经分析和归纳,最终形成对产品的理性认识。因此这类产品的广告内容需要剖析产品特点,提供令人信服的利益解释,同时还需要满足消费者对产品信息需求量大、信息渠道需求多样的特点,整合多个传播渠道,为最终获得消费者的选择而提供合力。

而在"低涉入"坐标里,以洗发水、牙膏、纸巾等产品种类为代表的产品,属于介入程度低的日用产品。在购买这类产品时,消费者负担的风险很低,多为求便利的习惯性购买。所以这类产品的广告就无须提供过多数据信息。

当然,这样的划分并非绝对。房屋产品广告也可以依靠诉诸情感、打透消费者心理而取胜:

牙膏广告也可以请专家,摆数据,细化产品信息:

但一般来说，FCB坐标可以作为产品文案操作方向的依据。

根据FCB坐标，产品分为"情感型"和"思考型"，因此消费者购买产品时也有两个模式：考虑为主，即高认知模式；感觉为主，即低认知模式。

大部分时候，消费者处于"低认知模式"，不会对产品花太多心思了解，也很难产生忠诚度。但理性手法的运用可以将消费者带入"高认知模式"。这样做的好处在于：争取更多时间，让消费者全方位了解产品，从而增加产生购买行为的概率。

所以在互联网时代，手机的文案会这样写：

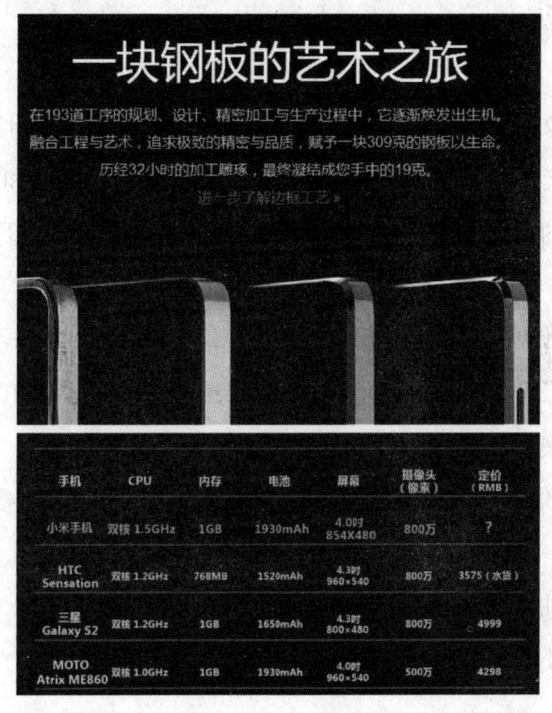

在"品牌式"消费理念已经过时的当下,消费者正在改变,逐渐成为社会消费主体的 90 后已经不相信原有的品牌权威了,在新的商业时代里,他们有着自己的消费逻辑。他们选购产品的动机有可能是出于情感认同、情境认同、价值认同、体验认同、理性认同,但已经不太可能出于对"品牌"的盲目崇拜。

因此,转变此前品牌固有的沟通方式(超脱日常生活,煽情化、符号化呈现生活方式),更着眼于产品自身属性,让消费者对产品产生精确的了解,这是互联网文案的一大趋势。

具体,才能让人记住

广告文案,与文字、语言密不可分,但这里有一个悖论:文案的目的是卖产品,重点在于让人记住,以实现传播效应和说服效应,可是语言的本质却是抽象的,而抽象化会让观点不易被理解,也不易被记住。

美国杜克大学认知心理学家戴维·鲁宾曾借用一组练习来阐明记忆的本质,试着根据下面这些句子回想,每个句子花 5—10 秒时间:

想起澳大利亚的首都;

想起歌曲《嘿,朱迪》Hey, Jude 或者其他你熟知的歌的第一句歌词;

想起油画《蒙娜丽莎》的画面;

想起小时候住得最久的那幢房子;

想起"真理"的定义；

想起"西瓜"的定义；

……

以上这些记忆指令，每一句都会触发不同的大脑活动。想起澳大利亚的首都是一种抽象的记忆，除非你就住在堪培拉；想起歌曲时则是一连串具体的记忆，你可能会想起歌手的模样，想起歌声和伴奏，甚至有可能想起你曾经去过的演唱会的热烈氛围；想起《蒙娜丽莎》，脑海里一定浮现出那一抹神秘微笑的画面；而想起你儿时的家，会唤起一系列的记忆：气味、声音、情景，和父母相处的亲密感和快乐……

那么，"真理"呢？大多数人都知道"真理"是什么，但恐怕只有极少数人（比如专家学者）才能够用语言表述出来。而关于"西瓜"，你会想起绿色瓜皮、红色瓜瓤，想起夏天的味道、午后的暑气、夏夜的凉风、满身汗水、清甜味道，甚至还会想起曾经和你一起吃西瓜的人……

很明显，能够在人们脑海里更长久、更清晰保存的记忆，往往是能够用感官认知的具体的事物。

因此，使用广告语言的重点在于：将抽象化的语言变成具象化的细节。

具体，才能让人记住。

所谓具体，就是指能够凭借感官去认知的某样东西，比如，"高性能"这一说法是抽象的，"V8发动机"才是具体的；"世界顶级客服"是抽象的说法,"××帮客人熨衬衫"才是具体的。相比而言,后者当然更容易让人感知并记住。

抽象化的语言不是不能用,但一定要和具体的描述和细节相结合,这样才能够将抽象的产品属性沉淀到消费者脑海里。具体的描述应该尽量贴近日常生活和人们普遍的认知,这样才能够唤起人们相应的记忆,从而让文字和读者达成真正的沟通。

具体化的意义还在于限定。

限定消费者的思维,好比用放大镜将太阳光聚焦于一点,能够让消费者集中理解,加深记忆。大而无当,没有实指的说法往往让人很难集中注意力,也很难有方向有目的地去思考,

比如现在让你拿起纸笔,写下过去你身边的人所做的事,你可能完全摸不着头脑,不知道要写些什么。改一改题目,写下过去你身边的人所做的坏事,怎么样?是不是想起几件不好的事了?再改一改,写下过去一年你的孩子所做的坏事。你的记忆是不是立刻就开始追索过去一年在你孩子身上发生的事情,而不是像之前那样毫无目的地胡思乱想?

同样的道理,当你的广告文案说"×××,真方便""×××,真厉害""×××,新时代的精神"时,你的受众看了会怎么想?他们很可能什么都不会想,或者只会想到一点:你在说什么?

从广告的角度而言,这些话等于废话,根本没有把产品利益点说透,产品当然要方便,不方便难道还找麻烦?从消费者角度来讲,这些广告语也没有击中他们的需求和购买欲望,"方便""厉害"之

类的话太空泛，说了等于没说。

打个比方，你的产品是洗碗剂，能够把碗洗得很干净，这是废话，任何洗碗剂的卖点都是"干净"，没有最干净，只有更干净。如果你的广告文案只是告诉消费者这一点，那肯定不会有人记住你。在这里，重点不是传达"干净"这个泛泛的概念，而是应该传达出干净的具体表现、具体情境，以及为消费者带来的益处。

比如，你可以说，你的洗碗剂洗得更干净，但是它不伤手（这里隐含的意思是，别的洗碗剂都是伤手的）；你也可以说，你的洗碗剂是浓缩的，1滴等于别家的3滴，更节省；或者说它更容易冲洗，无残留（隐含的意思是洗碗剂的化学成分容易残留，对健康造成危害）；要么，换个角度，突出它的家庭温馨感，"家有×××"，"关爱家人健康"；要么，再换个角度，"×××牌洗碗剂，让你的邻居没话说"……总之，要具备具体可触摸的细节，才能够在消费者脑海中留下印象。

德国夹心巧克力糖梦丝丽的销售一度停滞不前，后来他们把广告语改为"用我们的巧克力糖招待客人，定会赢得客人的芳心"，7年中销售增长了83%。这句话并没有现实的依据，但胜在"招待客人"这个具体细节，它限定了消费者的使用情境，将自己的这一定位牢牢扎根于消费者脑海，因而获得了巨大成功。

当产品高度同质化时，如何寻找独特卖点，如何让抽象化的产品定位搭载具体细节，进入消费者心智？这里有一个小技巧：寻找"黄金标准"。

所谓的"黄金标准"，是指隐藏在消费者心里的理想需求。它是事实上的产品永远也达不到的标准，但是，谁占据了它，谁就能够占据消费者内心的一个关键位置。

例如：华伦西那浓缩橙汁的广告语说"要么喝鲜榨橙汁，要么喝华伦西那"，这里的鲜榨果汁就是一种消费者心目中的"黄金标准"，是现实生活中真实存在的、可感知的具体事物。这句文案并没有说华伦西那就是鲜榨果汁，但相当于将自己拔高到和鲜榨果汁平起平坐的地位，消费者很容易将华伦西那和鲜榨果汁储存在同一个记忆的盒子里。

美国有一种婴儿速溶奶粉杰贝，广告语说它的奶粉"酷似母乳"。不多的几个月，就使销量增加了50%，这也是因为它占据了消费者心目中的"黄金标准"，母乳能够唤起的具体记忆，也将同时成为这种婴儿奶粉在人们心目中留下的印象。

有一个风雨衣品牌格雷特斯，广告语是"就像我们的皮肤一样，无可比拟"。短短三年，销量增长了3倍。还有什么形容词能比得上"像我们的皮肤一样"呢？

有没有发现，这些好的文案都没有使用形容词？"他喜欢天空，我喜欢大海。"日本某县的旅游广告语。没有形容词，"天空"和"大海"，是非常具体的名词，对这些名词的印象和想象，足以让人产生旅行的冲动。

当你想描述产品特色和优势时，也请参照这个方法：尽量不用形容词。美好、优雅、自信、美味，形容词会让你掉进语言的窠臼，而且很难让读者产生视觉化的印象、具体的记忆。

广告，就好比你想要把观点传达给整个广场的人，而你又不确定他们各自的知识水平和理解能力，那么用具体的语言描述与产品相关的、生活中常见的具体细节，才是最可靠的方法。

人性化，可感知：让广告更可信的三大定律

广告通常允许适度的夸张，所以我们会看到各种各样标榜自己产品"顶尖""最好""无可取代"的文案。商家为了卖产品，当然会说自己的产品好，而消费者考虑的是：我应该相信谁？谁说的夸张度小一些，更靠谱一些？

在一个商品和广告都很过度的社会里，消费者早已炼就火眼金睛，被锻炼成怀疑论者：广告不可信，已成为共识。因此，对于广告而言，可信度是一项永恒的挑战。

那么，广告文案该说些什么，该怎么说，才能提高广告的可信度，得到目标受众的信赖？

1. 从权威向反权威迁移

借助权威，是提升广告可信度最常用的手法之一。

第一类权威是专家和机构。来自各个领域的权威专家在广告中现身说法，或者产品得到权威机构的认可，有利于提升可信度。

第二类权威则是名人或各个领域的红人。当人们喜欢或崇拜某个名人时，这意味着他们也想要活得像自己的偶像一样，偶像喜欢的产品，偶像推荐的店，当然更容易赢得他们的信任。

但是，经年累月淹没在浩瀚无边的信息海洋之中的现代人，尤其是在"反权威，反传统，反精英"的互联网环境中成长起来的人们，真的那么容易信任权威吗？

答案是否定的。

在传统的品牌营销手段里，代言人象征着权威和正统。但在趣味多元化和消费多元化的现实之下，虽然代言人所代表的权威审美仍然占领了话语权，但新的消费群体已经开始背离这一切，他们不但热衷于戏谑与解构权威品牌，还有能力形成群体性的购买力、消费力来叫板权威。例如被骂得很惨的《小时代》的高票房，就很能说明问题。

消费社会正在走向多元化，新的消费群体对公共权威和传统广告戒备心加重，消费品牌本身的人格化才能真正吸引他们。请小S代言不如成为另一个小S（如碧浪微博就将自己打造成了一个爱美、爱八卦、辣言辣语的少妇），请"花花公子"代言不如让自己成为花花公子（比如杜蕾斯微博将自己定位成一个有一点绅士、又有一点坏，很懂生活又很会玩的夜店里的翩翩公子）。

当消费者与品牌能够社交网络服务（SNS）平台上进行无缝链接时，权威就已经开始变得无意义。权威专家或机构反复渲染能够给你的肌肤带来好处的护肤品广告，比不上社交平台上的朋友随手一条转发，随口一句推荐；明星代言的品牌，销量很可能比不过在社交平台上和消费者平等真诚交流的品牌。

当"权威"的可信度失落时，"反权威"就成为了最好的武器。比起商业广告和权威人士，人们会更信任家人和友人的推荐，更信任真诚袒露自己、"不端着"的品牌，换句话说，取得信任的关键点在于：谁更诚实、诚恳，谁的目的性更弱，谁和消费者的距离更近。

2."西纳特拉测试"：由不得你不信

美国 20 世纪著名流行歌手弗兰克·西纳特拉在经典名曲《纽约，纽约》中这样唱道："如果我在这儿能成功，到哪儿都能成功。"

这句歌词就是"西纳特拉测试"的定义：如果某个例子足以在特定领域建立可信度，那就说明这个例子通过了"西纳特拉测试"。打个比方，如果你拿到了美国联邦政府的安保条约，那就意味着你可以拿到任何安保条约。

广告可以充分运用这一测试原理，在目标消费者心目中建立起"由不得你不信"的强烈信任度。

通常情况下，一家快递公司取得消费者信任的方式是在广告中强调自己优质的物流服务。传达优质的手法多种多样，比如你可以说"准时送达率高达 98.99%"（数据和数据本身的精确度有利于建立信任感），或者你可以展示来自多家客户的推荐书（这是现实案例带来的信任度），但更具黏性的信任度则来自于"西纳特拉测试"的神奇效应：如果你在这儿是成功的，那么，人们就会相信你，相信你在哪儿都是成功的。

印度顺风物流（Safexpress）以安全、准时送达的服务为核心竞争力，在跨国企业中占据主流市场，却无法在不习惯支付过高快递费用的印度企业中占据一席之地。为了占领本地市场，顺风物流没有使用真实的统计数据，也没有使用客户的案例和推荐书来增加知

名度和信任度,而是向目标用户讲了这样一个故事:

顺风物流负责过《哈利·波特》第五部在印度的发行配送工作。在全国境内,所有书店的每一本《哈利·波特》都是由顺风物流运送到店里的。那是一项超高难度的物流任务:所有的书必须在发行日当天早上8点同时送达全国的所有书店。不能太早,否则书会提前开卖,内容也会提前曝光;当然也不能太晚,否则会给书店造成巨大损失。这样一项高难度任务,顺风物流完美地、毫无纰漏地完成了。

还有什么比这个案例更有说服力呢?

太厉害了——这是大多数人听到这个故事之后的感想。

事实上,这项任务对顺风物流来说并不算什么,它们同时还负责运送印度所有全国性高中和大学入学考试的考卷。也就是说,安全、准时的物流服务,对顺风物流而言只是日常性的运营工作罢了,这也是它们收费比其他竞争对手昂贵的理由。

但是,比起数据、客户满意度,以及其他案例,这个关于《哈利·波特》的故事更可信,原因何在?

首先,它讲述的物流条件足够苛刻(至少是听起来足够苛刻):全国所有书店同时送达,不能太早,也不能太晚,早上8点。这个精准的细节,足以在消费者心目中建立信任度。

其次,这个故事搭载了《哈利·波特》这一载体,足以勾起人们的好奇心,足以让人记住以及信任。难道会有人这么愚蠢,利用全球知名的作品撒谎?当然不会。

最后,这个故事存在一个有趣的反差,而反差往往令人印象深刻，同时也更容易让人信任。人人都知道《哈利·波特》，但并非人人都知道《哈利·波特》的发行运送工作如此复杂——没有人会怀疑这个故事的真假，每个人都会笑着恍然大悟：原来是这样！太有趣了！

真实的数据和案例，能够带来信任度，但一个令人意外的、充满生动细节的关于"成功"的故事，效果会更好。

如果你想在广告中运用"西纳特拉测试"手法，选择成功的范本和样例时，最好满足一些特定的苛刻条件，同时，故事一定要足够具体和独特（比如来自美国联邦政府的安保合同，对安全度的要求当属最高级别，足够苛刻，同时这个案例也足够具体和独特，让人印象深刻，产生信任）。

3. 人性尺度原理：人性化的语境更可信

畅销书《高效能人士的七个习惯》的作者史蒂芬·柯维在他的《高效能人士的第八个习惯》一书中，谈到一项针对各大企业的2.3万名员工所做的调查访问，调查结果是这样的：

仅有37%的人表示自己清楚了解所在公司的工作目标和宗旨。

仅有20%的人对于自己所在团队和公司的目标充满热情。

仅有20%的人表示对于自己手头工作与团队（或公司）目标之间的关联持有清楚的认识。

仅有15%的人觉得公司能完全信任他们达成重要目标。

仅有20%的人完全信任自己任职的公司。

读完这一系列调查结果，相信大多数人都会留下一个大致的印象：很多公司里都有不满和混乱。但如果让人们复述或者描述一下这种现状，恐怕没有几个人能够做到。

柯维是怎么做的呢？他给这些统计数据做了一个非常人性化的比喻。他说："假设一只足球队的调查结果是这样的话，那就意味着场上 11 名球员中只有 4 个人知道哪个球门是自己球队的；只有两个人会在乎球赛输赢；只有两个人知道自己踢哪个位置；有 9 个人或多或少会对抗队友，而不是对手。

听了这样的描述之后，相信每个人都能复述公司存在的问题：就像一支足球队，只有两名球员拼命想进球，却遭到其他队友的百般阻挠。

同样的事情，当它置于人性化的语境之中被讲述时，取得的可信度就会更高，因为它会被读者更清晰、更深刻地理解。

有时候，一则信息获得的信任度不高，不是因为大家怀疑它的真假，而是因为，它无法被清晰地感知，导致大家不理解它。

比如，报纸上呼吁禁止核武器，描述核武器有惊人的破坏力，能够摧毁千百万小孩时，人们当然不认为这是撒谎，但是，他们最多也就皱皱眉，随即就会将这则信息抛诸脑后，不会因此采取任何行动。人人都知道吸烟有害健康，知道保护生态环境刻不容缓，知道全球缺水问题严重，也知道要反家暴、反战、反对杀戮，但极少有人会为此做些什么。

为了促使人们行动，好的公益广告通常都会将关于健康和环境的"庞大"命题置于人性化、可以被清晰感知和理解的情境之中，以达到震撼、打动人们的效果。

关于禁烟的公益广告很多，最经典的莫过于这句文案：

"癌症治愈烟瘾。"这则广告获得2003年戛纳平面大奖。不需要拍摄，不需要道具，也不需要演员，只是一排安静的文字，却相当有震撼力。

吸烟会提高癌症发病率，这是科学研究的结果，也是一个已经被普及的结果，没有人怀疑，即使是那些抽烟者，也并不怀疑。可是对他们来说，这只是一个司空见惯的真相，早已不具备冲击力，更无法带来行动（戒烟）的契机。

而人们的行动是需要理由和契机的，很多时候，研究数据不能够冲击和震撼人的思维，是因为太抽象，而一句反其道而行之的"癌症治愈烟瘾"，逻辑并不严谨，却足够触动人心，发人深省。

对于全球缺水地区的现状，我们都在媒体上见过，这足以引起我们的怜悯和叹息，但很少有人真正理解这意味着什么，也很少有人知道自己可以做些什么。现在这则公益广告告诉人们，你不需要怜悯和叹息，你要做的事很简单，在卫生间洗漱时，关上水龙头。

  这个熟悉的场景足够冲击人们的定式思维，原来不关水龙头、浪费水的行为，会间接导致这样严重的后果。而这个人性化的呼吁也足够促使人们行动起来，因为它很简单，只不过是举手之劳，更何况这举手之劳又如此有效。

  人性尺度原理运用的重点在于让抽象的事实变得形象、可触摸，真实性并不重要（比如从逻辑上讲，抽烟并不一定导致癌症，关上水龙头也不会立刻使缺水地区得到水源），重要的是具备足够的冲击力和震撼力，让人们相信并记住这其中的关联。

附着力法则:找到制造流行的"金盒子"

平时我们在讲话的时候,为了让听的人能够听进去,我们通常会采取一些方法:比如提高音量,加重或放缓语气,强调声音里的情绪,等等。同样,广告为了使产品或观念被更多的人知道,也需要花很大力气来思考用什么样的技巧才能使信息更有效地传播。这其中一个关键点在于确保接收者不会左耳进右耳出,所以信息必须具备黏性,能够黏在人的脑海里,不至于轻易被清除出去。

用《纽约客》怪才、传奇作者马尔科姆·格拉德威尔的话来说:"一则信息成功传播的因素在于其'附着力'。"

附着力法则是格拉德威尔提出的"流行三法则"之一。他认为,要引发流行潮,事物或信息本身的附着力是其中必不可少的一个因素。那么,附着力究竟是什么?什么样的信息才算具备附着力的信息?

1. 它必须令人难忘,或者至少令人印象深刻;
2. 它必须能促成变化,激发人们采取行动。

在一则广告文案里,附着力很可能与文字无关,只是文字之外的一只"金盒子"。

20世纪70年代的美国有一位传奇式的直销业务员,名叫莱斯特·旺德曼。在一次和其他广告公司竞争业务的比赛中,他使用了被他称为"猎宝法"(treasure hunt)的广告手法,得到了比对手高出60%以上的市场回应率,大获全胜。

什么是"猎宝法"呢？很简单，旺德曼在杂志的每一则广告里，都让人在优惠购物单的一角画上一个金色的小盒子，然后在一系列电视广告词里告诉大家"金盒子的秘诀"：如果大家能够在自己买的那份杂志上找到金盒子，他们就可以免费获得某件产品。

金盒子带来的效果十分惊人，旺德曼的竞争对手以富有创造力著称，而且在广告上所花的资金是他的4倍，电视广告所选时间段全都是黄金时段，但旺德曼凭借一只具有附着力的金盒子，就将胜过他的竞争对手远远甩在身后。

金盒子就像一个触发器，给了观众一个理由去寻找刊登在杂志上的广告，而且它也将电视广告和杂志广告连接起来了。这个金盒子使得观众变成了整个广告体系中的一部分，他们成了参与者，就像在参与一个寻宝游戏。

如何制造"金盒子"，你可以从以下几种方法入手：

一、玩"文字游戏"

美国著名的过滤嘴香烟品牌温斯顿（Winston）有一句经典广告语："Winston tastes good like a cigarette should（温斯顿，正同烟的味道）。"这句不合英语语法的广告语，在当时引起了轰动，成为人们热议的话题，也使得这个品牌的香烟销量在短短几年间大增。在那段时间里，只要你对别人说一句"温斯顿"，他们顺嘴就能说出后半句"正同烟的味道"，可见这是一句拥有附着力的一流广告文案。

造成这种附着力的缘由简单得令人吃惊：仅仅是措辞上的一点小修改，使得它不符合人们的表达习惯，就能使它变得流行。

当然，并非所有不合语法的句子都能够流行，就温斯顿这句广告语而言，它的成功还缘于其他因素，诸如朗朗上口的语感，文字与产品属性的契合度，等等。

但总的来说，要使一则信息拥有附着力，变得流行，把常识推向非常识，打破人们的心理预期，是有效的方法之一。在这里，在广告文案里巧妙地制造意外和非常识的趣味，就是那只使信息具备附着力的"金盒子"。

2014年魅族千元机魅蓝发布之前的预热海报文案造成热议，运用的即是这种文字手法。发布会之前，魅蓝手机官方微博连续几天发布相关的宣传预热海报，五张海报文案分别阐述了千元机的痛处："千元机就是卡？""千元机就是慢？""千元机就是丑？""千元机就是小？""千元机就是糙？"

连续五个问句，道出目前市面千元智能机的缺陷，隐含的意思则是魅蓝手机将杜绝这些缺陷。至此算是中规中矩，但当这五则海报文案发布完毕，有网友将这几张海报拼接在一起的时候，才恍然明白魅族文案的"良苦用心"。

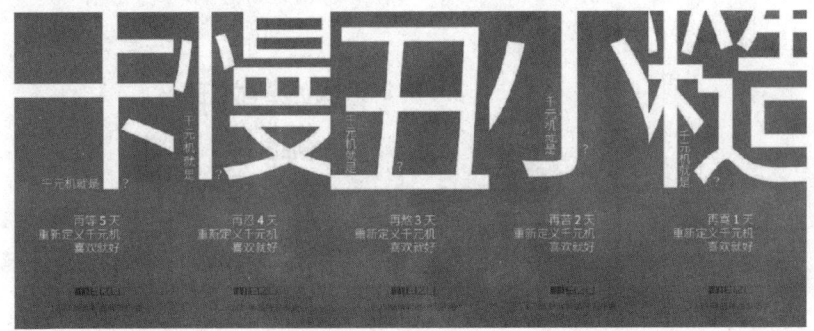

提取这几张宣传图的关键字："卡、慢、丑、小、糙"，将"糙"字分开，再连起来读，就是"卡慢丑，小米造"。发现魅族"用心"的网友们炸了锅，纷纷转发分享，乐见"小米躺枪"。

五张海报的"合体"，就是信息传播过程中具有附着力的"金盒子"，用户的参与是其中关键的一环。魅族的机智之处在于，给用户留下了"参与"的空间。就像抛出一个谜语，不给答案，让用户自己去寻找谜底。

二、走"极端路线"

2015年5月，vivo在《人民日报》发布4个整版广告，引发热议。

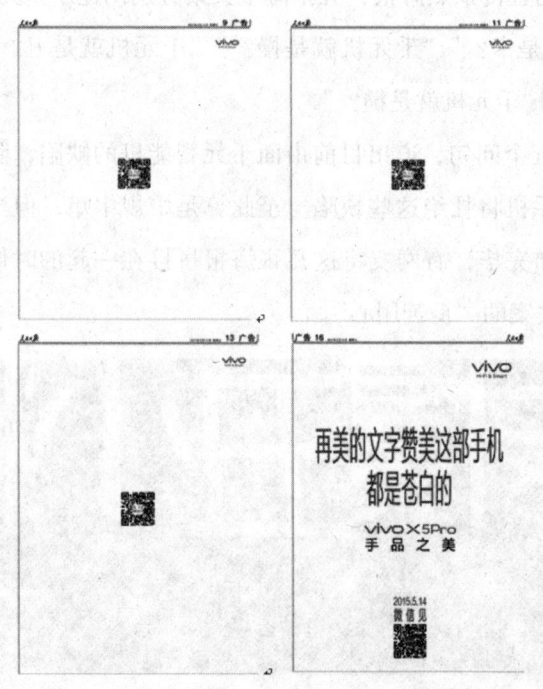

整整 3 版的空白页面，令人大跌眼镜。直到翻到报纸底版，才会看到一句"再美的文字赞美这部手机都是苍白的，vivo X5Pro 手品之美，5.14 微信见"的文案。至此谜底揭晓，原来是 vivo 的一则创意广告，为新机 X5Pro 上市造势。

走极简路线的广告文案并不少见，而这则广告之所以具有传播的附着力，是因为：

不惜花 3 个报纸整版造势的一掷千金的大手笔（《人民日报》的广告费用的昂贵众所周知）；

媒体选择上的"意外性"，向来以严肃形象示人的《人民日报》，居然会配合一家手机厂商玩广告"行为艺术"，这出乎所有人意料。

三、运用"可检验性手法"

在美国有一句俚语，"Where's the beef"（牛肉在哪里），这是人们对某事物表示失望时的口头禅。听起来叫人摸不着头脑，牛肉和失望有什么关系？实际上，这句俚语来源于一则温迪汉堡的电视广告：

三位老太太并排站在柜台前，柜台上有一个盘子，盘子里摆着一个汉堡。

汉堡非常大，直径有 30 厘米，三位老太太呆呆看着。

"这汉堡可真大。"

"非常大。"

"又大又松软。"

"非常大又松软……"

这时，一位老太太把汉堡的上层揭开，只见一块很小的肉饼和一根酸黄瓜躺在那里。三位老太太都愣住了。

80岁的克拉拉·佩勒所饰演的老太太终于开口，她扶着眼镜，眯着眼睛，不高兴地说："Where's the beef（牛肉在哪里）？"

旁白：有些汉堡店的松软面包里夹的牛肉可真够少的啊……

佩勒继续问："Where's the beef（牛肉在哪里）？"

旁白：温迪单层堡里的牛肉比汉堡王的大皇堡和麦当劳的巨无霸都要多。温迪汉堡，牛肉多，面包少。

佩勒再次问了一句："喂！Where's the beef（牛肉在哪里）？"

这则电视广告播出后，Where's the beef成了流行语。这句重复了三遍的文案是整则广告的"金盒子"，让人印象深刻，且促使人们行动：去寻找汉堡里的牛肉。

这是一种被称为"可检验性认证"的广告手法，广告暗示人们：温迪汉堡里的牛肉真的比别家汉堡的牛肉多，不信就去找找看！这样做等于是将广告的可信度"外包"给了消费者：我说的是真的，但是，请你们自己去验证真假。

"可检验性认证"不仅能够增加广告可信度，更重要的是，它能够增强信息附着力，促使消费者亲自去行动、去验证。事实的确如此：调查数据显示，广告播出后一年内，温迪汉堡的营业额上升了31%。

由"可检验性认证"带来的信息附着力，说到底是因为设置了某种激发消费者行动的机制。

附着力并不神秘，很多时候它产生的因素都来自一些看起来微不足道的东西，你不需要凭空去创造，只需要一个小小的创意，就能使信息令人难忘、激发行动。

【案例】小米移动电源：简单可感知

这是 10400 毫安时小米移动电源的产品文案。

从海报上可以看出，一级文案强调的是两个数字：10400mAh，69 元。

二级文案强调外壳和电芯：全铝合金金属外壳，LG/ 三星进口电芯。

图片强调的则是产品的"小巧"这一卖点。

图文清晰、简洁，信息一目了然。不故弄玄虚，也不戴高帽，作为阅读者，人们在看到这张小米移动电源的海报时，立刻就能获取这些信息：它体积很小，容量很大，外形漂亮，做工精致，进口内芯，售价便宜。

据说，在策划这张广告海报时，小米的策划团队提出了很多其他文案，但都被上面一一否决：

"小身材，大容量。"

到底"身材"是多小，"容量"是有多大？小和大的说法，很抽象，不可感知，用户读到这句文案，还得再多想一层。

"不但大,而且久。"

这个有点没节操,而且问题和上一条一样,大是多大?久是多久?太虚了。

"重新定义移动电源。"

这也是很虚的说法,怎样才算重新定义了?更何况小米电源从本质上来讲并没有重新定义移动电源。

"超乎想象地惊艳。"

这是文案最容易走的路子,超乎想象,惊艳,这样的词语用在哪个产品身上都行,但用在哪儿都不走心。

"最具性价比的手机伴侣。"

手机伴侣是什么?不同的人会给出不同的答案。

"一掌之间,充足一天。"

这和"小身材,大容量"的说法是一样的,只不过换了字眼。虽然对"小"和"大"的定义更明晰了,但表达却更绕弯子,很难让人一眼就能看明白。

"小米最来电的配件。"

配件是什么?很多人会想到手机壳。

光看最终文案,会觉得没什么特别,但和以上这些文案一对比,立刻就能分出高下。广告文案的难度并不在于独特,而在于足够简单,一击即中。

和其他移动电源的产品文案对比一下,我们会更清楚小米文案好在哪里:

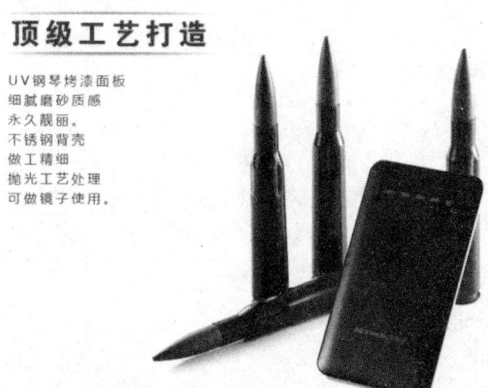

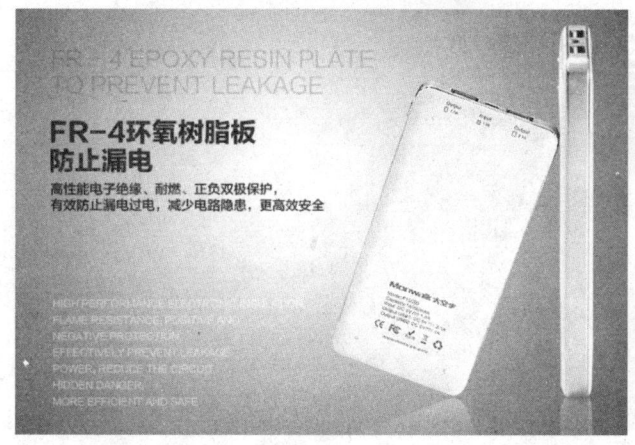

当然,产品本身的属性和诉求不同,文案也会有所偏废,这两则产品文案谈不上坏,但和小米文案一比,其诉求就显得不够有力。

一则好的产品文案,不一定文字最漂亮,图片最华丽,但它一定是好的信息传递者,简单,可感知,从说者到听者之间,最短途径,信息没有多余的消耗。